# 儿童时间管理手册

王潇 编著

中国出版集团
中译出版社

图书在版编目（CIP）数据

儿童时间管理手册：智听版/王潇编著．—北京：
中译出版社，2020.1
ISBN 978 - 7 - 5001 - 6154 - 7

Ⅰ.①儿… Ⅱ.①王… Ⅲ.①时间 - 管理 - 儿童教育
- 家庭教育 Ⅳ.①C935②G78

中国版本图书馆 CIP 数据核字（2020）第 010207 号

儿童时间管理手册：智听版

**出版发行**／中译出版社

**地　　址**／北京市西城区车公庄大街甲 4 号物华大厦 6 层

**电　　话**／(010) 68359376　68359303　68359101　68357937

**邮　　编**／100044

**传　　真**／(010) 68358718

**电子邮箱**／book@ctph.com.cn

**策划编辑**／马　强　田　灿　　　　**规　　格**／880 毫米×1230 毫米　1/32
**责任编辑**／范　伟　吕百灵　　　　**印　　张**／6
**封面设计**／泽天文化　　　　　　　**字　　数**／135 千字
**印　　刷**／山东汇文印务有限公司　**版　　次**／2020 年 7 月第 1 版
**经　　销**／新华书店　　　　　　　**印　　次**／2020 年 7 月第 1 次

ISBN 978 - 7 - 5001 - 6154 - 7　　　定价：32.00 元

# 前　言

时间是海绵里的水，只要你肯挤，总会有的。时间又如同流水，顺势而走，谁都无法挽留。中国有句古话："少壮不努力，老大徒伤悲。"多少人回首往昔，不禁暗自流泪，惋惜逝去的光阴。

著名作家托尔斯泰说过："只有一个时间是重要的，那就是现在！它所以重要，，谁就是因为它是我们有所作为的时间。"

其实，无论对成人还是对孩子而言，时间都是生命，谁能拥有更多的时间，谁就能获得更多的知识和财富。良好的时间观念有助于孩子养成规律的生活习惯，有助于提升孩子的学习效率。

现实生活中，总有一部分孩子的拖沓、磨蹭让父母或老师抓狂。从清晨闹钟响起的那刻开始赖床，到听课时走神，写作业拖拖拉拉……做什么都没有效率，到最后考试成绩不及格，生活也是一团糟。

"时间对每个孩子都是公平的。儿童的时间应当安排种种吸引人的活动，做到既能发展他的思维，丰富他的知识和能力，同时又不损害童年时代的兴趣。"对于儿童时间管理，苏联著名教育实践家和教育理论家苏霍姆林斯基如是说。

　　本书从找出孩子不会管理时间的原因、提升孩子管理时间的认知、纠正孩子拖延的行为、培养孩子规律生活的习惯、教会孩子做事分清主次、教孩子学会制订计划、鼓励孩子的行动力、提升孩子的注意力等八个方面，全面剖析孩子不会管理时间的原因。并就提高孩子的时间利用率给出行之有效的指导方法，进而提升孩子的时间价值，将时间观念放在潜意识中，真正提高时间利用率。

　　衷心希望这本《儿童时间管理手册》可以帮助孩子们学会时间管理，成为时间真正的主人！

作者

# 目　录

# 第八章　集中精神：孩子集中注意力有利于发展

# 第一章
## 揪出原因：你的孩子为什么不会管理时间

随着岁月的流逝，很多成年人不禁感慨："时间都去哪儿了？"而孩子更多的疑惑是"什么是时间"。其实，孩子不会管理时间，恰恰是因为不了解时间，所以家长首先要做的是帮助孩子认识时间，再选择合适的方法提升孩子管理时间的能力。

## 是谁偷走了孩子的时间

富兰克林·费乐德曾这样说：成功与失败的分水岭可以用这五个字表达："我没有时间。"也就是说，管理时间就是管理自己的生命。很显然，对于家长来说，要想顺利攀登事业的高峰，就必须学会管理时间。同样，对于一个孩子来说，能够管理好自己的时间也是至关重要的。因为孩子正处于成长阶段，能够尽早地意识到时间的重要性，不失为是一种天大的好事。

或许在日常生活中，大多数父母都会发现一些令人头疼的问题：尽管他们一再催促自己的孩子做某件事情，但孩子总是不断地磨蹭，不到最后一秒根本不动弹。对此，一些父母烦恼不已，明明平日里自己对孩子已经是谆谆教导，虽然谈不上以身作则，起码对孩子是有一定要求的，但是为什么孩子在做事时依然磨蹭、拖延、浪费时间呢？

一个周末的晚上，爸爸妈妈从外面办事回到家中。一进门，爸爸就看见森森在看电视，于是质问森森："森森，早晨我和妈妈走之前，就看见你在看电视，怎么晚上回来了还看见你在看电视？给你留的数学测试题做完了吗？"森森看到一向温和的爸爸今天居然发火了，只好低着头小声地嘟囔道："一天时间过得太快了，我实在没腾出时间去做那些乱七八糟的试题！""什么，这一整天你都在做什么呢？你的时间被谁偷走了？"站在一旁的妈妈听到森森的争辩，有点气急败坏地喊着。森森有点吓坏了，委屈地继续解释："哎呀，爸爸妈妈，你们不要再生气了，我们一起来看看是谁偷走了我的时间！"

森森如实说道："早上起床后，我先看了会儿电视，然后我发现自己的卧室里乱七八糟的，就想着收拾完房间再写作业也不晚。可是，我收拾完房间太累了，就想着玩会儿手机再写作业。不知不觉，一上午时间过去了。吃过午饭后，我又看了会儿故事书，感觉迷迷糊糊的，为了让自己清醒点，我又打开游戏机玩了会儿。不知不觉就到了晚上。"

"啊，原来是电视机、手机和游戏机偷走了你宝贵的时间！"爸爸说。妈妈在一旁附和道："没错，明天我们要帮你把时间偷回来！"

第二天早晨，森森很自觉地把电视机、手机和游戏机关掉，并把自己的作业也按时完成了。爸爸妈妈都夸她是真正的"时间神偷"，能把自己的时间及时偷回来。

由此看来，贪玩是孩子的天性。时间如流水，一去不复返，培养儿童的时间观念，是家庭教育中不可缺少的一个环节。如果孩子每天都在抱怨自己没有时间学习，或者抱怨自己没有时间收拾房间，这时候父母该怎么办呢？

首先，追踪孩子一天，看他们的时间都被谁偷走了。孩子由于年纪小，对时间缺乏概念，没有珍惜时间的意识。父母可以利用周末的时间，好好看看他的时间都用在哪里，然后根据实际情况做出一些调整。比如孩子看电视、玩游戏的时间太长，父母应该缩减这些时间，以安排其他户外锻炼活动。

其次，不要因为心疼、不忍，偷走孩子的时间。孩子早上起床，父母应该引导他们尽快完成穿衣服、刷牙、吃早餐、上学等一系列的活动。可是，有些父母因为心疼、不忍，认为孩子正在长身体，可以多睡一会儿，不用起这么早，无形之中，父母就变成了"时间神偷"。

最后，给孩子一些缓冲时间，让他们从做喜欢的事转到做不喜欢的事。有些孩子晚上玩手机玩得不亦乐乎，根本不想去洗澡。这时父母可以对他说："再给你5分钟时间，之后你就要去洗澡，否则就要没收手机喽。"缓冲时间过后，孩子的敌对情绪慢慢消失，自然会从做喜欢的事情转到做不喜欢的事情。

所以说，时间管理习惯的养成，不仅仅需要孩子坚持不懈的努力，同时也需要父母的耐心和包容。如果发现自己的孩子不会管理时间，就要及时地帮他找回丢失的时间。然而，找回时间的过程，不仅是每个孩子成长必需的时间，也是他们必须经历的一个过程。

## 如何帮孩子形成时间概念

曾经有一首歌词是这样的："时间都去哪儿了……"很显然，不仅父母有这样的困惑，孩子同样也有这样的困惑。面对时间的流逝，父母感慨转眼之间青春已不再。对于那些年幼的孩子，在他们的观念里，还没有时间这一概念。因此，对于时间的流逝，他们完全无知无觉，这才使得他们度过了一个无忧无虑的童年。但是，孩子没有时间观念也有一个弊端：那就是孩子很容易磨蹭和拖延，他们沉浸在自己的生命节奏中，似乎对于光阴的流转浑然不觉。

平日里，父母不仅要从事繁重的工作，还要肩负起照顾家庭和孩子的责任，因而常常感到时间急速减少，也从光阴的流逝上感受到窘迫和急促。为此，父母总是催促孩子，孩子却浑然无知，不知道父母在紧张和着急什么。从本质上而言，一味地催促孩子，并不能使孩子形成珍惜时间的观念，尤其是在孩子对于时间尚且没有形成概念的基础上。因此引导孩子形成时间概念就成为当务之急。

首先，可以从现实生活着手。再次叮嘱孩子要珍惜时间的时候，要带上具体明确的时间点。例如，早晨提醒孩子快些吃饭，可以告诉孩子"已经七点了，该吃早饭了，七点一刻就要出门去学校，否则会迟到"。长此以往，孩子就会理解七点是早餐时间，也会对一刻钟的时间有多长有大概的了解。每一次明确表达时间，都能让孩子明白自己所做的一切都与具体的时间密切相关。渐渐地，他就会知道时间对于他的生活意义深远，含义深刻。

其次，当孩子形成一定的时间意识之后，父母还可以在孩子完成某件事情的时候，给孩子规定明确的时间段。这能够帮助孩子深刻了解时间的含义，也会让孩子形成对于时间的紧迫感。为了激励孩子在规定时间内完成某件事情，父母还可以在与孩子协商一致之后，给孩子制订奖惩规定。这样一来，孩子每当受到奖励和惩罚，对于时间都会有更加深刻的认知，也渐渐地能够在预定时间内完成某件事情。再次，除了帮助孩子形成时间概念之外，父母还要引导孩子养成利用零碎时间的好习惯。例如，让孩子利用洗漱的时间听听英语，让孩子利用睡觉前的时间回忆一天所学的知识。这样点点滴滴的时间只要合理利用，就能起到聚少成多的重要作用，也会对孩子养成节约时间的习惯起到积极的作用。

安阳是一个 10 岁的孩子，她原本很懒散，做事总是磨磨蹭蹭的，谁看了谁生气。为此，她的妈妈伤透了脑筋，因为不管是在生活上还是学习上，她总是需要别人去提醒和催促，从来意识不到自己的时间是有限的。

后来，妈妈决定从小事入手，培养她珍惜时间的好习惯。妈妈知道，安阳喜欢看漫画图书，于是决定周末带她去图书馆，让她在增长知识的同时，也可以养成珍惜时间的好习惯。安阳看到那么多漫画书籍很兴奋，但是她还是懒懒地看，以她的速度，一天看一本估计也看不完。

于是，妈妈教给她如何选择自己感兴趣的、有价值的书籍看，如何选择里面具有意义的细节，这样就节省了时间，还增长了知识。

在妈妈的教育下，短短的一个月时间，安阳不仅在学习上变得勤快多了，生活上也有了很大变化，时间观念逐渐增强了。

通过以上的例子可以看出，一些孩子之所以没有认识到时间的重要性，就是因为没有树立起正确的时间观念。对此，父母要引起足够的重视，为了让自己的孩子形成时间观念，可以从日常生活做起，比如可以通过讲名人珍惜时间的故事的方式来帮助孩子树立时间观念，让孩子认识到时间是最宝贵的财富，只有珍惜时间才能让它发挥最大的作用。还可以在醒目的地方贴上有关珍惜时间的名言警句，提醒孩子树立时间观念。

此外，父母还可以送给孩子闹钟，当孩子有重要的事情要做的时候，就让孩子自己定好闹钟，这样就会有紧张气氛，时间观念也会形成；或者送给孩子手表，那不仅仅是一份礼物，更是一种观念，让孩子时刻都能感觉到时间的流逝，从而更加珍惜时间，无形中形成时间观念。

## 让孩子做些力所能及的事

有些家长总是抱怨说，自家的孩子什么都不会做。或许有人会忍不住问一句，你给过他尝试的机会吗？如果你真的让孩子放手做了，我想孩子是不至于什么都不会做的！现在的孩子，多数都是集万千宠爱于一身，别说是让孩子做家务了，就连孩子想要自己吃饭家长都恨不得代劳，试问在这样的家庭里长大的孩子，你还奢望他会些什么呢？

曾经有人说，对于孩子而言，最大的悲哀就是有一个凡事都包办的妈妈，还有一个当甩手掌柜的爸爸。这句话很有道理，凡事都包办的妈妈会让孩子对于生活失去主动性，甚至连思考的能力都得不到发展；而当甩手掌柜的爸爸则为孩子树立了一个很坏的榜样，让孩子觉得原来可以不参与家庭生活。这样一来，操持家庭就会变成妈妈的独角戏，也会让孩子对家庭生活的参与度大大减少。

所以，要想培养孩子的时间观念，帮助孩子形成珍惜时间的意识，父母就要转变观念，不要总认为只有成年人才需要自己合理安排时间，孩子也同样需要自己打理好自己的时间，尤其是在孩子力所能及的小事上，父母一定要让孩子学会规划。时间是每个人的私有物品，时间的流逝意味着生命的悄然走远，所以大文豪鲁迅先生才说，浪费别人的时间等于谋财害命。在同样长度的人生里，懂得珍惜时间，对时间分秒必争的人，一定会提升时间的利用率，从而卓有成效地拓展生命的宽度。

其实，孩子并非懒惰，只是习惯了被安排。随着不断地成长，孩子的自我意识也在逐渐增强，如果父母能够抓住合适的机会，让孩子独立地安排时间和日程，相信孩子一定会觉得很新鲜，也会因此生出成就感，觉得自己真正长大了，都可以安排自己的生活了。在这样的过程中，孩子会加速成长，不但形成时间意识，也会渐渐地增强自己安排时间和生活的能力。

看到这里，有些父母也许会为自己狡辩：我们就是发现孩子没有时间意识，才凡事都替孩子安排的。孩子还太小，也许等到他长大了，就能合理安排时间了吧！其实，这样的想法大错特错。如果父母始终凡事都为孩子包办，不管什么事情都为孩子想在前面，从来不给孩子任何在时间的安排上尝试犯错的机会，孩子如何能够成长呢？没有哪个孩子能够不经历挫折就长大，每个孩子只有在不断犯错的过程中，才能渐渐地成长起来，也才能最终走向成熟。否则，孩子一旦形成依赖心理，就会导致他自己各方面的能力越来越差，也会失去对于生活的主动性。

我国著名的教育专家陈鹤琴先生说："凡是孩子能做的事情应该让孩子自己做，不要替代他。"培养孩子独立思考的能力，就是不仅要孩子自己独立动手做事，还要孩子独立地动脑想问题。所以，年轻的父母们，不要再抱怨孩子不会做力所能及的事，更不要抱怨孩子不懂得合理有效地利用时间，也不要责怪孩子不会制订时间计划表。只要你从现在开始，放手让孩子去做，你会发现孩子的能力超乎你的想象！

## 缺乏主见的孩子时间观念弱

有人说，对于孩子而言最可怕的事情就是得到父母的溺爱，因为父母即使再爱孩子，也不可能永远为孩子包办一切，更不可能陪伴孩子走一辈子。在这种情况下，等到父母不能再庇护孩子的那一天，被照顾习惯了的孩子又该何去何从呢？

很多父母抱怨孩子没有主见，小小的事情都不能作出决定，遇到任何问题都犹豫不决，却不知道孩子的缺乏主见和犹豫不决，这些现象都是父母导致的，都是父母的一贯溺爱和骄纵导致孩子成长的速度太慢。还有些父母指责孩子有选择恐惧症，其实与其指责孩子选择的速度太慢，还不如帮助孩子分析每个选项的利弊，这样才能让孩子更加理性地选择。

五一三天长假，爸爸妈妈难得都休息，于是决定带阳阳出去玩。阳阳兴奋不已，在得到可以由他决定去哪里玩的消息后，一直在不停地改变主意。他先是说要去游乐场玩，后来又觉得去水上世界玩最好，等到要出门的时候，又认为应该去野生动物世界。就这样，时间已经过去半个小时了，阳阳还是犹豫不决，根本没有想好要去哪里玩。

　　爸爸原本有些着急，想要代替阳阳决定去水上世界。正当爸爸要说的时候，妈妈用眼神示意爸爸，让爸爸不要说。相反，妈妈则耐心地拿出一张纸，引导阳阳："阳阳，你之所以不能决定到底去哪里玩，是觉得每个地方都很好玩，对不对？"阳阳点点头。妈妈又说，"这样吧，妈妈把这三个地方列举出来，咱们分别写出这三个地方的优点和缺点，看哪个地方在你心中优点最多，缺点最少，咱们就去哪个地方玩，好不好？"阳阳觉得妈妈的想法很好，因而很配合地和妈妈一起开始列举三个地方的优缺点。

　　在优缺点列举完之后，阳阳很顺利地选择了去游乐场玩耍。从游乐场玩耍回来的晚上，妈妈对阳阳说："阳阳，以后如果不知道如何决定一件事情，就像妈妈这样想清楚每件事情的好处和坏处，好不好？也许思考需要很长时间，但是当你思考完之后，就能很快做出选择。而且，等到你长大了，你就会发现这些思考都沉淀在你的心里，也能帮助你快速选择和决定。"阳阳似懂非懂地点点头，陷入沉思。

　　在这个事例中，显而易见阳阳还没有形成快速决断的能力。所以说，对于拖延的孩子而言，过多地纠结犹豫，只会让他们陷入更深的不自主之中。只有理性思考，分清楚不同选项的利弊，才能有针对性地做出选择。也许孩子最初选择的时候会很艰难，但是随着选择的次数越来越多，他们拥有更多的经验，就能够迅速衡量，果断决定，也就能够最大限度满足自身的需求。

孩子的人生经验还很少，对于很多事情都缺乏主见，这是他们的年龄特点决定的。为此，很多父母就给孩子代办一切，代替孩子安排时间和日程，也许一开始还能问问孩子到底想去哪里玩耍，到后来因为觉得孩子犹豫不决，索性直接代替孩子决定了，根本问都不问孩子的意见。在这样日复一日的包办中，孩子必然越来越依赖父母，渐渐地，不但他们自主安排时间的能力得不到培养和发展，甚至连思考能力都会有所下降。

父母这么做真的好吗？看起来，父母节省了自己的时间，省得浪费口舌和孩子解释各种琐碎的问题，也能够直截了当地解决问题，实际上这对于孩子的成长而言是欲速则不达的。正因为父母的包办，孩子更加磨蹭和拖延，因为他们知道不管自己怎么做，父母都能想办法解决问题。因为他们没有安排时间的经验，对时间也没有明确的概念，对珍惜时间也没有意识。尤其是父母代替孩子做选择，非但不能增强孩子自主抉择的能力，反而会使孩子得不到锻炼的机会，他们面对选择时更加手足无措。在这种情况下，孩子如何能够渐渐地走向独立自主呢？新生命从呱呱坠地开始，就像一张白纸，既没有生存的技能，也没有生存的经验。在与父母长期相处的时间里，父母如何引导和培养孩子，孩子就如何成长。因而明智的父母不会为了省事而耽误孩子的成长，而是会耐心地引导和培养孩子各个方面的能力，这一切都是在为孩子未来能够独立行走人生之路做准备。

除了帮助孩子做出选择和决定之外，还有些父母的做法颇有些财大气粗的感觉。他们丝毫不考虑孩子倾向于哪一个选项，而是当机立断帮孩子做出决定，把孩子感兴趣或者有一些喜欢的商品都买回家。这样尽管能够最大限度满足孩子的心理需求，实际上长期下去却会让孩子的欲望越来越多，胃口越来越大，到最后再也无法满足孩子。由此可见，不由分说地满足孩子所有的需求，是很盲目也很糟糕的举动。父母要尊重孩子的需求和意愿，也要有意识地引导孩子在诸多选项中做出抉择。否则，孩子长大成人，走入社会，还有谁会这样无原则地对待他们，满足他们呢？

当然，在引导孩子做选择时，父母还要告诉孩子，尽管诸多的选项各有利弊，要从中选出最有利于自己的一个，但是有的时候哪怕绞尽脑汁，也无法保证自己的选择是绝对正确的。既然是选择，就有风险，也同时兼具成功和失败的可能。父母要告诉孩子学会承担后果。既然是自己的选择，就要做到无怨无悔，并且要勇往直前，不忘初心。不得不说，教会孩子做选择并非一蹴而就，也绝不简单容易。

父母要对孩子怀有足够的爱与耐心，才能给予孩子成长最好的陪伴，和最明智的引导。作为父母，要努力创造让孩子"自我做主"的机会，多给孩子"自己做主"的机会。信任孩子，大胆放手让他们去设计、去安排、去实践。多让孩子换位思考，"如果让你去组织这次活动，你会怎样安排？""如果这事发生在你身上，你会怎么去想？"有了良好的思维习惯，孩子将会慢慢从"无主见"转变到"有主见"，最终成为一个有独立性思维的人。

## 天生慢半拍的孩子怎么治

肖勇就是个慢性子，平常在家他做什么都不急不慌，如果全家要出门，他一定是最后才收拾好的那一个，经常是全家人坐在那里等着他。而他在学校里就更加慢了。

有一次随堂小测验，老师在测验之前就告诉大家："这次的题量有些大，所以大家要抓紧时间，尽量快些做。"所有的同学都加快了答题的速度。可肖勇拿到试卷后却坐在那里削起了铅笔。等他把铅笔削好了，别人已经做了好几道题了。他开始答题时，是将一道题在草稿纸上计算一遍，然后再誊抄到试卷上。最后，老师要收卷了，虽然题量大，但做完的同学还是很多，就算有没做完的，也不过是剩下了最后一两道题。只有肖勇，他连试卷正面的题都没做完，最后的成绩当然也就很不理想。

老师为此多次找过肖勇的妈妈，可妈妈也很头疼，根本不知道该怎么办。即便到了这种地步，肖勇却依然无所谓地说："我不觉得这有什么可着急的呀！"

面对这样的"慢半拍"孩子，老师和妈妈又怎能不着急？可是从肖勇的故事中我们又能看出来，对这样的孩子，我们着急他却依然不急，我们的教育在他身上似乎并不管用。

对于孩子的慢性子，我们一定也已经使用了很多方法，比如训斥、催促，可能也会威逼利诱，或者打骂一顿，但结局应该都不会是我们所期望的。孩子该慢还是慢，我们一催促，他反倒振振有词："时间还早着呢，这有什么可着急的呢？"慢性子的孩子按照他思考与行事的节奏来看，一切当然不着急。可我们当然是按照正常的时间节奏去观察的，所以在我们看来，孩子就跟在放慢镜头一样。尤其是遇到急性子的父母，更是会恨不得上去拉孩子一把，或者干脆帮孩子立刻把事情做完。

由此可见，慢性子的孩子并不是对时间没有概念，而是他的时间概念"自成一派"。这当然是不行的，因为孩子终归是要走入社会的，终归是要融入集体去的。所以，他应该调整自我，让自己的办事节奏能为众人所接受，也让自己的时间节奏能赶得上成功。

那么，对于这样的孩子，我们的教育重点就该放在这些方面：给孩子一个体验慢性子的机会，慢性子的孩子自然会感觉慢悠悠的生活很惬意，可是在正常节奏的我们看来，这种慢有时候真的难以忍受。那么我们就不妨让孩子也体验一下这种慢悠悠的状态，用感同身受的方式来引导孩子逐渐产生改变慢悠悠的心理。在做某些事时，我们可以故意放慢自己的节奏，当然不能和孩子同一个节奏，而是最好比他还要慢。可以选择一些与孩子切身相关的事情，比如做饭。孩子本来已经很饿了，但是我们慢悠悠地准备各种饭食的过程，可能就会让饥饿的孩子皱眉头。

很多孩子就属于这后一种慢性子的人，他对时间没有观念，这显然是由他个人的性格导致的。也就是说，孩子天生慢半拍，时间在他这里被他自己人为地拉长了。可这种时间的拉长却只是孩子自己的一种主观感受罢了，他自己给自己不断延长时间，却忽略了真正的时间根本不会因为他个人的意志而发生变化，所以这样的孩子成功的概率并不那么大，多半都会因为他拖拉而使事情做不完。巧的是，慢性子的孩子可能往往会有一对急性子的父母，看到他不着急的样子，我们就坐不住了。想想看，同样的时间，别的孩子可能做 10 道题，可我们家里这个慢性子，也许就只能做 7 道题，平白无故就比别人慢了 3 道题的时间，最终只能眼睁睁地迎接失败。

如果孩子因此而催促了我们，那就意味着他体会到了他人慢悠悠地做事给他带来的困扰，同时他也体会到了等待是一种很难熬的过程，当然最重要的是他也体会到了时间的流逝。而我们就可以借此来提醒他注意自己以前的一些慢性子的表现，并告诉他，他的慢性子也让我们和他人感受到了同样的困扰。同时也要提醒他，如果有可能，他也可以试着改变一下自己做事的风格，适当地提升一下做事的速度。

不过需要我们注意的是，不要借此机会讽刺孩子的慢性子。对于容易害羞的孩子，我们可以选择其他的方法试试看。给全家人确定一个明快适中的生活节奏，家庭生活的节奏会对孩子自己的生活节奏产生很强烈的影响，所以我们该好好看看自己家庭的生活节奏，是不是也很慵懒、很散漫呢？如果答案是肯定的，那我们就应该及时调整整个家庭的生活节奏。要在家里建立一种"今日事今日毕"的生活节奏，而且做事要雷厉风行，不要把一件事拖很长时间。如果决定要做什么事就立刻去做，凡事都尽量赶在前头。最好有一个家庭生活计划，要做什么一目了然，家里的一切也都井井有条。

虽然明快的生活节奏会让我们全家人都提起精神，但是这种明快也要适中，不能从极慢的节奏一下子就变成了极快的节奏，否则孩子也会因为无法适应而陷入一团乱的局面。引导孩子注意他人的一些评价。很多时候，孩子自己可能注意不到自己的慢性子，但是在做某些事情的过程中，他的慢性子可能就会造成一些不良影响，而他人便会因此而给予他一些评价。比如，班级集体活动中，孩子慢悠悠的性子导致整个活动失败，这时同学们可能就会抱怨他。提醒孩子注意一下这样的评价，看看他有没有被人说"真慢""拖后腿"，当然这样的评价可能不那么好听，但孩子不能因此只觉得委屈，也要想想为什么大家会如此评价他。

所以，我们不要对改变的过程抱有太高的期待，这个过程可能会是缓慢而悠长的。但是，我们除了提升孩子的速度之外，还是有其他事情可以做的，那就是提升孩子的办事效率。也就是说，尽管孩子速度慢，但是我们要提升他办事的效率，让他已经消耗掉的时间没有白白浪费掉，这也是给孩子一些行动的信心。我们可以这样来鼓励孩子："你看，你已经可以把一件事做得很好了，其实如果你在某一些步骤上再稍微快那么一点，你的办事效率也一定能跟着提上来。我觉得你还是有这个实力的。"

## 有的孩子越催越慢

"快点儿穿衣服！"

"快点儿吃！"

"快点儿走！"

"你怎么动作这么慢！"

现实生活中，那些年轻的父母总是这样催促自己的孩子。然而，他们并不知道这些催促方法往往并不能让孩子真的"快起来"。有些家长甚至会发现，越是催促，孩子反而做得越慢，这是怎么回事？

举个例子来说，孩子在家里玩玩具、吃零食，每一次游戏时间结束时，他的房间可能就会变得一团糟了。看到这种一团糟的情景，我们当然要不断地提醒孩子打扫"残局"。毫无疑问，孩子的动作并不能令我们满意。如果说，我们是这样催促孩子的："赶紧把你的房间收拾干净。"那么，孩子可能要不了多久就会变得一团糟了。不要感觉奇怪，其实我们这一句催促其实是前后矛盾的。"赶紧"二字就意味着孩子必须给自己的动作提速，但是他还不过是小学生，其动作协调性并没有那么好，所以他一旦提速，伴随的可能就是手忙脚乱了。

很明显，这样的催促最终只能换来一个结果：越催促，孩子反而会越慢。速度提不上去，效果也达不到那么好，孩子可能又会受到我们的抱怨和训斥。这时，烦躁、委屈的情绪也就随之而来，孩子要么越做越乱，要么干脆就甩手不干，我们的心情也就一点一点地变差了。在这种情境下，我们应该看清现实，孩子不是机器，不会一个指令下去，他就能完美执行。有的爸爸妈妈会说，就是因为孩子动作慢，所以才催促他。到现在我们是不是该明白了呢？有时候我们眼中孩子的慢，恰恰就是我们自己"催"出来的。

所以，面对我们的催促，孩子会说："我快不起来啊！"这并不是一句假话，也不是在敷衍，他可能是真的达不到我们的要求，真的不能两全。那么在这个时候，我们就不能催促了吗？就真的无计可施了吗？当然不是，毕竟总不能让孩子真的就这么慢悠悠地做事，我们还可以有更巧妙的应对办法。

首先，我们不要因为孩子表现得很慢就催促他，可以先了解一下他到底要干什么，想要怎么做，对自己即将要做的事情又有怎样的我们不那么了解的安排。其次，听了他的安排之后，对一些不太妥当之处我们可以提出意见，或者给一个更合理的建议，这要比直接催促"快点"要有用得多，至少能让孩子有可参考的地方。也就是说，如果想要帮助孩子学习掌控时间，我们就要选对起点和目标。别一下子就让孩子必须达到什么样的办事速度，要意识到他的成长是一步一步过来的。

拿前面提到的"赶紧收拾干净"这样一句催促来说，我们就要先思考一下，一般情况下我们都会希望孩子能把房间整理干净，如果再快一些我们会更开心。那么，可以先以整理干净为主要目标，提醒孩子先有条理地将房间里的杂物清除掉，并保证房间的整洁。这时先不要对他有速度方面的要求，要保证他能专心应对一个"指令"。可以多给孩子一些锻炼的机会，当他能逐渐熟练地整理房间时，说不定他的速度自然就会提上来了。当然，如果遇到慢性子的孩子，我们也可以适当提醒他一句，让他在熟练的基础上提升速度，这时他就不会因为"指令"太多而不知所措了。

所以，试着将自己的节奏放慢一下，等等孩子，你会发现孩子并不会因为此时的磨蹭而成长为不负责任又拖拉的人。反之，你的宽容，会给他更多思考的空间，他会在每次失败的教训中学会安排自己的时间。

# 第二章

# 提升认知：帮孩子意识到时间管理的重要性

无论是孩子还是成人，都不能随意浪费时间，父母想帮助孩子树立时间观点，形成时间意识，养成珍惜时间的好习惯，就要耐心引导孩子树立时间观念，提升对时间的认知。

## 父母的时间观念也会影响孩子

周一早上，刚七点半，妈妈就带着 12 岁的文娟上了车，朝着公司走去。今年寒假，妈妈决定带文娟到自己的公司体验生活。文娟的妈妈是保险公司的部门经理，今天早上，妈妈要为自己的员工开早会。

上午 8：50，妈妈带着文娟准时来到保险公司，此时会议室已经坐满了人。妈妈给文娟使了个眼色，文娟立刻在角落找了个位置坐下。随后，妈妈走到大屏幕前，开始开早会。早会的内容较长，文娟虽然听不懂，也耐心地坐了一个小时。

10 点钟早会准时结束，妈妈又带文娟走进办公室，员工们有的在打电话，有的在写保险计划，文娟好奇地问："妈妈，您每天都能坚持这么做吗？""那当然，妈妈都习惯了，一天中什么时间干什么事，心里都有数。"妈妈微笑着说。

当晚 7 点整，公司举行年会，酒店里摆满了宴席。妈妈的领导发表了讲话。讲话之后，各部门纷纷表演节目，妈妈拿起酒杯，向员工们一一敬酒，最后发言，发展了公司的发展前景。

当晚 10 点多，妈妈才带着文娟回家。妈妈突然问："文娟，你觉得当公司领导好不好？"文娟歪着小脑袋想了想，认真地回答道："感觉时间很紧张，一天到晚忙个不停，除了吃饭，几乎没什么休息的时间。"

妈妈微笑着说："你说得对，其实，每个人每天都平等地拥有24小时，懂时间管理的人可以创造更多的价值，而那些不懂时间管理的人创造的价值却是极少的，甚至可能产生负价值。"

案例中的妈妈带着文娟去公司感受紧张的工作节奏，让文娟从中体会到一天当中什么时间做什么事情要早做计划安排，这样工作才可以按部就班、有条不紊地进行。

在时间管理上，如果父母不教，孩子很难自己摸索出方法。因此，父母想实现从榜样到教练的转变，就要在时间管理上对孩子进行言传身教。

那么，父母的时间管理经验如何才能传授给孩子？不妨尝试以下几种方法：

### 1. 带孩子参观自己的工作场所，让孩子亲身感受紧张的工作节奏

条件允许的话，父母可以带孩子去自己工作的地方参观，让孩子亲身感受父母工作的状态，让孩子体会父母安排时间的方法，如何区分事情的轻重缓急，让孩子学会充分利用一天的时间。在这种潜移默化的影响下，孩子的时间观念自然会逐渐增强。

### 2. 日常生活中做雷厉风行的父母，为孩子做好榜样

父母是孩子最好的老师，是孩子成长过程中最易模仿和学习的对象。因此，父母在日常生活中要养成守时的好习惯，形成果断、高效、有条不紊的作风，这样在教育和引导才更具说服力，对孩子的时间观念也会有更深刻的影响。

## 培养孩子的"守时"观念

很多孩子对守时没有概念，比如下面这个例子：

星期六，天气晴，阳光明媚，柳叶随着春风左右摇摆，河边绿草青青，涛涛兴高采烈地来到公园，因为今天，他和帅帅约好一起去公园画画。

可是涛涛左等右等，始终不见帅帅的身影，直到中午，涛涛的妈妈来公园找他，帅帅还是没有来。妈妈打电话到帅帅家里，才知道帅帅前一天晚上看电视时间太久，睡到中午才起床。涛涛回家大哭一场，从那之后再也不和帅帅一起玩了。

帅帅发现了涛涛的疏远，闷闷不乐。妈妈看出了帅帅的心事，耐心地询问原因，帅帅伤心地哭了起来，把事情的经过告诉了妈妈，并埋怨涛涛不理自己。

妈妈语重心长地说："你们明明约好周末一起去公园画画，你却失约。你让涛涛白白等你那么久，就是不珍惜他的时间，浪费了人家的时间。要知道，遵守时间是一种美德，你不遵守和涛涛的约定，涛涛自然生你的气。"

帅帅听了妈妈的话，不好意思地低下头，勇敢地承认了错误。妈妈摸着帅帅的头，笑着说："这就对了，妈妈教你一个好办法，以后每次看电视都要和自己约定不超过 30 分钟，和朋友约好也要提前 10 分钟出门，这样就不会失约了。"

第二天，帅帅约涛涛一起上学，他提前 10 分钟就等在了路口，涛涛看到帅帅没有爽约，十分开心。两个人和好如初。

在上面的故事中，第一次帅帅因为看电视没有准时赴约，结果涛涛白白等了一上午，从此疏远他；第二次帅帅提前 10 分钟出门，等候涛涛，最终没有失约，两个人和好如初。孩子不守时，不按规定的时间做事，只会让他人越来越疏远自己。

那么，父母怎么培养孩子守时的好习惯呢？可以参考以下几点建议：

### 1. 提前 10 分钟做准备，准时出发

当孩子和别人约定在某个时间做某件事时，父母应引导孩子提前 10 分钟做好准备，到约定时间必须采取行动，谁都不能拖后腿。例如，孩子和父母约定第二天晚上 7 点去看电影，到了第二天 6：50，父母就要提醒孩子做好准备，10 点钟准时出发。

### 2. 给孩子讲守时的故事

孩子都喜欢听故事，给孩子讲守时的故事，让孩子明白守时是一种美德比如拿破仑宴请几位将军并在饭后议事的故事，因为将军们的迟到，他便自己一个人先吃起来，等将军们到了之后，他已经吃完了，他对他们说："诸位，聚餐的时间过了，咱们现在开始研究事情吧。"他丝毫不理会不遵守时间的将军们的饥饿和窘境。

### 3. 让孩子明白守时的好处和不守时的后果

有的孩子不守时，自己答应的事情到了约定的时间却没有任何行动。此时，父母可以通过一些小的奖惩措施让孩子明白守时的重要性。比如，孩子贪玩，没有按时回家吃饭，到家后发现晚饭已经被吃光，饿了一个晚上，下次再出去玩他就会注意时间。

## 培养孩子做事的责任感与紧迫感

爱因斯坦认为，人与人之间的最大区别就在于怎样利用时间。因为每个人对时间的处理态度、安排内容、使用方式不同，所以他们的收获也有所不同。同样的时间以后，有人杰出、有人平庸、有人沉沦。仔细观察那些有杰出成就的人，我们会发现，他们无一例外，都有珍惜时间，利用上天赐予的时间刻苦钻研，从而创造辉煌业绩的经历。反之，那些平庸、一事无成的人，也同样有着挥霍时间、挥霍生命的生命历程。

有这样一个故事：

一个流浪汉呜呜地哭着。时光老人问："你为什么哭呀？"

流浪汉说："我少年时代玩玻璃球，青年时代玩纸牌，中年时代打麻将，家产都败光啦！如今我一无所有，我真后悔呀！"

时光老人看他哭得可怜，便试探地问："假如你能返老还童……"

"返老还童？"流浪汉惊讶地抬头将老人打量一番，扑通"一声跪下，苦苦哀求，"假如再给我一个青春，我一定从头学起，做一个勤奋好学的人！"

"好吧！"时光老人说完便消失了。

流浪汉一时间如从梦中惊醒，他低头一看，欣喜地发现：自己已变成一个十来岁的少年，肩上还背着书包呢。

流浪汉想起自己刚才说的话，便向熟悉的一所小学走去。

路上，他看到几个孩子正在玩玻璃球，不觉得手又痒了，他想，就玩几把吧，以后肯定不玩了。想着，便也挤进去玩了起来。他仍然按老样子生活，玩纸牌，打麻将……到了老年，他又懊悔地哭了起来。

这一次，他再次碰到时光老人。他扑通一声跪下，请求时光老人再给他一次青春。

"我做了一件蠢事！"时光老人冷笑着，"给你再多的青春，你也不会得到真正的生命。"

从此，时光老人再也没有多给谁一分钟时间！

这一故事相信大家都不陌生，故事中的流浪汉是我们许多人的写照。因为年轻时不懂得时间的可贵，不珍惜时间，导致年老以后一事无成，追悔莫及。生活中，同样有许多这样的孩子，因为缺乏时间观念，不懂得时间的不可逆性，所以，"做事拖沓，无效率""贪玩""不按时完成作业"……类似的问题成了家庭教育中一个让家长极为头疼的问题。

今天，我们的孩子面临的是一个讲时间、求效率、快节奏、高速度的时代。要想孩子今后在事业上有成就，就必须纠正孩子不珍惜时间的坏毛病，教育他们生活起居有规律，从小懂得时间的重要性，珍惜时间。孩子只有从小形成正确的时间观念，养成珍惜时间的好习惯，才能形成雷厉风行的作风，培养起做事的责任感与紧迫感；才能不至于沉溺在玩乐之中，最终一事无成。

## 让孩子体会到浪费时间的代价

很多父母都会为孩子浪费时间而苦恼。的确，爱玩、没有时间观念是孩子的天性，同意，浪费时间也是孩子的天性，然而，作为父母又不能任由孩子如此不珍惜时间，形成拖延的习惯。

对于如此复杂而矛盾的情况，父母要如何处理才能有效地解决问题呢？

其实，孩子们之所以浪费时间，是因为年幼的孩子在成长的过程中几乎感受不到时间的重要性，对于时间也缺乏概念。这也是可以理解的，毕竟孩子每天的生活除了吃喝拉撒睡之外，就是玩耍，他们的生活节奏很慢，这导致他们内心的节奏也是非常慢的。他们既不像成年人那样要承受生活的琐碎，也不像成年人那样要承担工作上的巨大压力，而且在父母的细心呵护下，孩子始终保持无忧无虑的状态，始终健康快乐、自由自在。正是漫长的成长过程，让孩子形成了内心的慢节奏，他们甚至从未意识到自己在浪费时间，而是始终毫无拘束、自由快乐。

每当看到孩子浪费时间，已经人到中年的父母总是感到非常着急。父母很清楚，时间一去不复返，生命也短暂得如同白驹过隙，因而他们抱着宁愿磨破嘴皮也要教育孩子的态度，在孩子面前反复强调珍惜时间的重要性。然而，父母所说的"一寸光阴一寸金，寸金难买寸光阴""明日复明日，明日何其多。我生待明日，万事成蹉跎"，诸如此类的话，有些孩子在幼儿园阶段就已经背诵得滚瓜烂熟了。可以说，孩子什么道理都懂，就是不能亲身实践与体验到。孩子缺少的到底是什么呢？他们的"知道"与"做到"间，到底横亘着什么呢？父母唯有找到孩子浪费时间背后的真正原因，才能真正解决问题，让孩子珍惜时间、珍惜生命。明智的父母知道，哪怕对孩子说尽千言万语，他们的人生经验还是需要慢慢积累的。所以，在孩子安全的情况下，宁愿让孩子亲自碰壁，也不要打着为孩子好的旗号把孩子保护起来，这会使孩子变本加厉地浪费时间。既然如此，父母就要狠下心来，不要时时刻刻都想着为孩子考虑，保护孩子，导致孩子未能体验很多事情。所谓不经历无以成经验，对孩子而言同样如此。唯有让孩子亲身经历，父母才能更好地启发孩子、成就孩子。父母不是替孩子成长，而是让孩子在经历中成长。

文娟做事情常常拖拖拉拉的，尤其不懂得珍惜时间，不但上学经常迟到，在和同学相约一起出去玩的时候，也总是迟到。对于文娟浪费时间的做法，妈妈早已见怪不怪，但是看到浪费时间给文娟带来这么多麻烦，妈妈仍然忍不住要教育文娟。没想到，文娟非但不领会妈妈的好意，反而十分厌烦妈妈。思来想去，妈妈也觉得这样日复一日的提醒不能解决问题，因而决定采取一些措施教育她。

前段时间，学校组织全体同学去游乐场，文娟和其他同学一样，早就盼望着出去玩了。去游乐场那天早晨，文娟因为困倦，在妈妈喊了她几次起床之后，依然赖在被窝里不愿意起来。无奈，妈妈给文娟下了最后通牒："文娟，从现在起我不会再喊你了，反正学校的大巴车8点准时出发，如果你没赶上，就不要去游乐场了。"文娟几经挣扎，终于磨磨蹭蹭地起床了，一看手机，不由得惊叫起来："妈妈，现在都已经快8点了。"妈妈表情淡然："我从7点就开始喊你起床了啊，是你自己不起的。"文娟赶忙爬起来洗脸、刷牙、梳头发，然后背起头一天准备好的背包，火急火燎地朝学校赶去。虽然家和学校之间只有5分钟的路程，可到达学校门口时，文娟刚好看到大巴车开走了，不管她如何大喊大叫，都没有人听到。文娟伤心地哭起来：同学们都去游乐场了，只有她没去。虽然妈妈原本可以送她去游乐场，可妈妈却不想惯文娟这个毛病，只是在一旁淡定地看着文娟默默流泪。

从那之后，妈妈明显感觉到文娟的速度变快了。她心里十分高兴，看来，孩子是需要接受教训的，现实的惩罚要比父母苦口婆心的提醒效果好多了。

时间的脚步从来不等人。尽管孩子还小，父母也要培养他们珍惜时间的观念，从而让他们养成良好的行为习惯。养成习惯从行动、体验开始，父母是孩子最好的老师，也是孩子的第一任老师，所以在教育孩子方面，父母的言传身教对孩子起着很大的作用。父母的自律与计划性，无形之中给孩子在行为上做了引导，那么孩子就会自然而然地形成习惯。如果父母只是对孩子要求高，而对自己放任自流，那么孩子就会对父母的话置若罔闻。

很多时候父母因为孩子小，而忽略要求孩子对自己负责任，要知道，温柔而坚定的妈妈，是上天送给孩子的一件很好的礼物。孩子虽然小，也要学会对自己的行为负责，也因为小，孩子在遇到一些事情时会哭闹，父母如果没有原则地退让与满足孩子的一些任性要求，这样慢慢地就会形成孩子对时间的错误认知与体验。当孩子因为浪费时间而造成一些后果时，他们必然要为自己的行为付出代价，而一定的代价也使他们能够主动反思自己，改正自己言行中不恰当的地方，从而让自己获得成长。这个反思中，父母不是指责、抱怨，而是通过"智见父母赋能对话"，让孩子看见、醒觉，并构建意识与概念，同时落实到行为中，再进行聚焦练习。

## 用游戏引导孩子珍惜时间

孩子上学之后，会学习很多珍惜时间的名言警句，可切实做到珍惜时间，对他们来说却是非常遥远的事。说与做之间隔着遥远的距离。特别是很多本身就喜欢拖拖拉拉的孩子，遇到自己不想做的事，他们更容易无限拖延下去，根本无法意识到时间的珍贵。想让孩子珍惜时间，首先要让孩子形成时间概念，让孩子切身感受到时间的流逝，这样孩子才会主动自发地珍惜一分一秒，也意识到人生的短暂。

很多父母都觉得孩子还小，所以并不急于对孩子进行教育。前苏联著名教育家马卡连柯曾经说过，对孩子来说，出生之后的前几天能否接受教育特别重要，他甚至主张孩子5岁以前就奠定了教育的基础。由此可见，学龄前的儿童需要接受适度的教育，尤其是在培养时间观念方面，父母更要抓住孩子5岁之前的关键时期，帮助孩子奠定良好的教育基础，让孩子健康茁壮地成长。

　　大多数人对教育的理解都太过狭隘，总觉得所谓教育就是向孩子灌输知识，实际上这只是对于学习的理解，而真正的教育是引导孩子养成良好的学习习惯，从而让孩子健康成长。然而，一切良好习惯形成的基础，都要求孩子必须具备时间观念。细心的父母会发现，很多孩子对时间的感知都很迟钝，他们几乎没有时间观念，也因此他们才会对时间的流逝毫无察觉。

　　现实生活中，越是年纪小的孩子，生活越是无忧无虑。他们在父母无微不至的照顾下，每天就是吃喝玩乐，根本不为任何事情发愁，也总是随性任性，对生活很少有规划。直到进入幼儿园，孩子才渐渐意识到迟到了会被老师批评，因而形成初步的时间观念。等到了小学，每节课都严格按照时间进行，迟到更是要坚决杜绝，在此过程中孩子的时间观念也越来越强。那么，作为父母，如何才能尽早培养孩子的时间观念，让孩子更珍惜时间呢？说教显然不起作用，既然大多数孩子都喜欢游戏，那么父母不如借助于游戏的机会，让孩子认识时间，也渐渐地学会珍惜时间。所谓寓教于乐，这样孩子才会在潜移默化中得到教育，也变得越来越珍惜时间，远离拖延。

　　自从开始上幼儿园后，杨森拖延症的症状就越来越明显了。一开始，妈妈只是隐隐约约觉得杨森慢吞吞的，没有想到杨森原来是拖延症。这不，开学一个月，除了前几天因为抗拒去幼儿园哭闹不止之外，杨森几乎每天都迟到。

　　一天晚上，吃过晚饭，妈妈大声对杨森说："森森，今天你要半小时之内做完作业，然后洗漱睡觉。"然而，15分钟过去了，杨森还在房间里磨磨蹭蹭，没有开始写作业。妈妈十分生气，再次对杨森重申。此时，杨森一脸无辜地看着妈妈，问："妈妈，15分钟是什么意思啊？"妈妈这才恍然大悟，原来杨森并不是故意拖延，而是他不理解时间的含义啊。当天下午从幼儿园回来，妈妈和杨森一起做游戏。杨森正玩得高兴呢，妈妈又说："杨森，再玩10分钟，妈妈就要做饭了。"杨森仍然满脸疑惑地看着妈妈，妈妈拿出提前准备好的小闹钟，指给杨森看："你看，这个长针从这儿走到这儿，就是15分钟。"杨森似懂非懂，不过做游戏的时候他会有意识地看闹钟。当长针挪动一下，他就惊喜地告诉妈妈："妈妈，动了，动了，长针真的动了。"看到杨森如此兴奋的样子，妈妈暗暗责怪自己没有早些给杨森灌输时间的观念。等到时针过了一格，杨森不仅没有缠着妈妈，反而主动提出让妈妈去做饭。

后来，每次做游戏时，妈妈都会自然而然地给杨森提起区分5分钟或者10分钟的概念，渐渐地，杨森大概知道5分钟、10分钟的长短了。当妈妈再次提醒他要在一定时间内完成某件事情时，他的配合度就高了很多，也不再拖延了。

很多父母都和事例中的妈妈一样，觉得孩子是在无故拖延，他们也因此而对孩子抱怨不已。其实，很多时候孩子并非故意拖延，而是因为他们对时间没有概念，也不能准确地感知时间，所以他们才会"拖延"。要想改变孩子浪费时间的现状，父母首先要寓教于乐，在游戏的过程中引导孩子了解时间、感知时间，渐渐地，孩子就会越来越珍惜时间，也能够戒除拖延。

　　直到小学阶段，孩子才会真正了解时间。所以，对于小学阶段以前的孩子，父母只要大概引导他们认识和了解时间，初步形成时间观念即可。如果父母没有概念植入、没有训练、没有约定。不可以要求与处罚孩子。聚焦刻意的练习对孩子来说非常重要。尤其是学龄前的孩子，实际上每天除了吃喝拉撒睡，就是玩耍，那么父母更要抓住玩的时间或者借助于游戏的机会，慢慢向孩子植入时间观念，也帮助孩子学会建立时间观念，并渗透珍惜时间的观念，对孩子未来进入幼儿园以及正式成为学生之后的学习生活，都是有很大好处的。只有当孩子真正意识到时间就是生命、时间一去不复返，才会更加珍惜时间。

# 第三章
# 纠正拖延：纠正孩子拖延的行为

如何你问孩子为什么磨磨蹭蹭拖延时间，孩子一定是一头雾水，根本不知道什么是拖延。其实，孩子也不想拖延，父母想帮助孩子消除拖延，首先要清楚孩子为什么拖延，只有走进孩子的内心，才能打开孩子的心扉，从根本上解决孩子的拖延。

## 鼓励并引导孩子做出改变

对孩子来说，他们的自控力比较差，做事喜欢由着性子来。所以，家长在帮助孩子改变做事拖拉的毛病时，要注意多引导，多鼓励，在使其认识到拖拉的坏处的同时，要让他们逐步养成主动、积极的做事习惯与良好的作息规律。

张老师是一名小学教师。暑假期间，有一天她在广场上锻炼身体，看到小梅与她的爸爸。

小梅是单亲家庭，家里只有父女二人。因为两家离的比较近，所以一年前就认识了。见到了张老师，小梅的父亲问："张老师，小梅做事总是拖拖拉拉，吃饭拖拉，写个作业也要半天。有时，人家都写完一道题了，她的本子还没准备好。你说这是怎么回事呢？不会是孩子的智商有问题吧？"

做老师的都清楚，几乎每个班都有这样的孩子。他们不是头脑不聪明，只是在平时的生活中养成了拖拉的坏习惯，这与家长和老师对他们的态度和要求也有关。

张老师看了看小梅，刚要说些什么，见小梅正用一种奇怪的眼神看着她，似乎在说："不要听我爸爸的。"

于是她改变了主意，对小梅的爸爸说："这与智商没啥关系。小梅平时见到长辈会主动打招呼，而且在学校还交了许多好朋友。

这孩子真是既聪明又懂事，人见人爱。"

然后，她又对小梅说："你之前喜欢拖拉，是因为年纪小，现在长大了，懂事了，从下周，小梅肯定不会拖拉了。是吧，小梅？以后，咱做事一定要讲究效率。！"

孩子如释重负，微笑着点了点头。只是小梅的爸爸对张老师的回答不太满意。其实，他想借张老师的身份来"威慑"一下小梅。

且不论这位父亲能否帮助孩子改变拖拉的习惯，仅就其当着外人的面直接孩子的缺点，就足以说明他不懂得如何教育孩子。

所以说，一个"问题孩子"的背后肯定有一个"问题家长"。因为家长的教育方式存在问题，孩子出现这样那样的坏习惯是不可避免的。

许多时候，当着孩子的面，直接说"这孩子做事太拖拉""做事总是磨磨蹭蹭"等，非但起不到引导、教育孩子提高做事效率，而且很可能引起孩子的反感。那作为家长，该如何正确引导、教育孩子呢？

下面这位老师的做法很值得借鉴。

赵老师是五年级某班的新任班主任。她只上了两天课，就发现班上有4位做事拖拉的学生。第一天上课，大家对她不熟悉，都表现很好。第二天，就都原形毕露了。在做练习题时，其他同学都做完了，最后只剩下这4个学生。这个说铅笔找不到了，那个说本子用完了，还有的说有些字不认识。因为这几个拖拉大王，赵老师的这节课上的有些虎头蛇尾。

为了改变这些学生拖拉的毛病，从下节课开始，赵老师运用了一些小方法：

一是举行小组比赛，看哪个组全部完成的速度最快。

她把全班分成 10 个组，由他们自己选出组长。每次任务，都以小组比赛的形式进行。完成好的组，或是表扬，或是计分，或是贴红花。每个人都有集体荣誉感，都希望自己的小组成绩最好。那几个小拖拉，在同学的催促下，也能完成了。

二是完成的作业，要及时收上来。

平时，大家做作业都不着急，因为谁先完成，谁后完成，谁也不知道。当老师要求大家把完成的作业交上来后，没有完成的学生不甘心落后，为了急于表现自己，会加快写作业的速度。当老师检查完学生的作业，发现没有错误，学生会有一种小小的成就感。

三是课后作业，一对一互助。

张老师让这 4 个拖拉的学生分别与一些学习成绩较好的学生组成互助小组。每次课后，或是周末，由对方帮着监督、检查作业的进度。

结果，张老师只用了二十多天的时间，就改变了这几位学生做事拖拉的毛病。

由此可见，孩子做事拖拉的毛病不是不能够改变，只要家长、老师用心，方法得当，并扮演好自己的角色，多给孩子一些鼓励、引导，孩子是愿意做出改变的。

## 陪读的习惯要不得

方叶航是小学五年级的学生，因为个头长得高，俨然像个小大人了。但是，这个"小大人"却有一个让人头疼的毛病，总要妈妈在身边"陪读、陪写"。如果妈妈不在身边监督，他就拖拖拉拉、磨磨蹭蹭，本来1个小时能完成的作业，他要2个小时，甚至3个小时才能完成。做完作业，他从来不管对错，将铅笔往桌上一扔，像脱离魔鬼一样，迅速地离开书桌，跑向电视机前或奔向门外，将自己的一个"烂摊子"留给妈妈。

通常是妈妈先将书桌整理干净，将他的课本、铅笔盒等一一放入书包，然后再认真地将他的作业从头到尾检查一遍，用铅笔将错误的地方勾出来，再将孩子叫回来改正。

对于妈妈指出的错误，方叶航想都不想，也不问为什么错了，拿过来就改。通常他改过的作业还是错的。当他再被叫过来改错时，就会很不耐烦，大声嚷着问："你说应该怎么做？"于是，妈妈只好教他应该怎么做。

像方叶航这样的孩子在我们的生活中并不在少数。很多家长，尤其是低年级孩子的家长在忙碌之余总不忘挤出时间来陪孩子做作业、画画等，他们担心孩子注意力不集中，做作业时三心二意。然而事实表明，"陪读"不但不利于孩子的成长，而且还会产生许多负面影响，从某种意义上来说，家长"陪读"的这种做法明显是"吃力不讨好"的行为。

首先，"陪读"会分散孩子的注意力：

不少家长认为，自己陪在孩子旁边，他肯定会集中注意力做功课。其实不然，因为这时孩子会把注意力集中在家长身上，唯恐自己的行为违反家长的规定而受到批评，这样反倒分散了孩子学习的注意力。

其次，"陪读"会降低学习效率：

有些家长并不了解教育规律，陪读时以自己的标准来要求孩子，甚至要求孩子长时间地学习。结果不但事倍功半，还会造成孩子记忆力不佳、自信心不足、心烦意乱、思维迟钝等现象，使学习效率下降。

再则，"陪读"不利于孩子养成良好的学习习惯

一般来说，从孩子入学时起，家长和老师会帮助他们安排好作息时间，包括起床、吃饭、上学、玩耍、完成作业等。让孩子自觉按作息时间去做，会养成良好的生活、学习和行为习惯。反之，处在父母督促之下，一切听从父母安排，这样一来，孩子将失去主见，一旦无人督促便会无所适从。

最后，"陪读"不利于培养孩子坚强的意志，使孩子产生依赖心理：

坚强的意志是孩子在克服困难的过程中形成的。学习本身就属于不断克服困难的过程，因此也是意志锻炼的过程。如果孩子学习时家长陪在身边，孩子往往稍有点困难就会求助爸爸妈妈，而爸爸妈妈为了减轻孩子的负担、缩短他们做作业的时间，也会把答案直接告诉孩子。这样，孩子缺乏了良好的锻炼机会，一味依赖家长，自然难以培养出坚强的意志。此外，因为习惯了依赖，还会造成孩

子责任意识、责任能力的缺失，丧失了自主完成作业的信心和能力，还会挫伤孩子学习的积极性与主动性。

因此，家长应该信任孩子，让孩子从小学会对自己负责，养成独立完成作业的习惯，而不是直接干涉孩子的学习过程。建议家长按以下经验去做：

**1. 让孩子独立完成作业**

不管孩子提出什么理由和借口，当天的作业必须让孩子当天完成。孩子做作业遇到困难，家长只能给以讲解和启发诱导，鼓励他自己克服困难，找到答案，家长决不能包办代替。

**2. 提议孩子与父母一起检查作业**

就某些作业问题，家长可以让孩子说明是否正确，以及他自己的理由。对于孩子作业中的错误，家长不要表达自己的修改意见，而应该建议孩子自己重新思考。

**3. 教孩子有计划地安排作业，养成良好的作业习惯**

如告诉孩子要把作业记全，或者专门记在一张纸上，回家后合理安排先做什么作业，再做什么作业；写作业要专心，不能边玩边做，做完作业要自查等。

**4. 用正面的语言和亲自示范的方式来教导他**

如果您希望孩子学习一种好的行为，那么您最好使用正面的语言，明确地告诉他所要做的。例如告诉他"我们应该……做"，而不只是批评他、责备他做得不对，然后再亲自示范正确的动作来教导他。如果孩子说会，那么就让他先做给你看，再指导他。

### 5. 提高孩子的学习能力

家长应指导孩子把学习作为一项独立的活动。家长可根据学校要求，教会孩子完成学习任务的方法，包括听讲、观察、抄写和完成作业的学习方法和技巧。

### 6. 制订"合约"

为了更好地让孩子做到独立完成作业，家长可以以讨论的方式，制订一个共同遵守的约定。比如，家长可以说：以后我每天陪你读书30分钟，别的时间你就要自己做功课，我也可以利用这段时间做些别的事，如果你能做到的话，星期天我就带你去看电影。陪读的时间可以慢慢缩短，直到孩子最后不再需要陪伴也可以做功课为止。交换的条件可以和孩子讨论。同样，这种有条件式的要求要逐渐减少，直到不需任何附带的条件，孩子也愿意自己做功课。

### 7. 为孩子创造一个愉快、宽松、向上的家庭气氛

做到相互交流感情，共同分享家庭欢乐，从而激励孩子拼搏向上的精神。如果孩子整天生活在枯燥乏味、责骂不断、矛盾重重的家庭气氛里，他们必定很压抑，容易产生悲观、失望等消极情绪，连正常学习都难以做到，更不用说发挥学习潜能了。


## 注意力不集中就是在浪费时间

有不少孩子从上学开始，家长就不断地接到老师的投诉，孩子在上课10分钟后，就开始动、说话。或上课走神，不听讲。不知上课讲的是什么，不知所留作业；有的孩子虽然看似安安静静地坐在那里做功课，但实际上却在神游四方，心不在焉；作业中掉字、错字、

错符号，抄错得数。读书时，错字、丢字很多；考试中，看错题，丢题。孩子回到家，学习时也非常不专心，一会儿看看电视，一会儿喝口水，一会儿又要上厕所，总之不磨蹭上几个小时作业是做不完的……

以上情况均是孩子注意力不集中、做事无法专心的具体表现。俄国教育家乌申斯基说过："注意是心灵的天窗，只有打开注意力的这扇窗户，智慧的阳光才能洒满心田。"的确，对于孩子来说，注意力是他们学习和生活的基本能力。注意力的好与坏直接影响到孩子的认知和社会性情感等身心各方面的发展及其入学后学业成绩的高低。因此，家长应从小培养孩子专注的习惯，对孩子来说，做事专注的习惯将影响他们的一生。

那么应该如何帮助孩子克服注意力分散的毛病呢？

**1. 专注力的培养应在一个独立、安静的环境中进行**

孩子的注意力与周围的环境关系密切。一个独立、安静的学习环境，能让孩子很快做到"入境""入静"，而只有做到"入境""入静"，孩子才能够目的明确、思想集中、踏踏实实地学习，并取得良好的学习成效。相反，如果孩子的学习环境混乱嘈杂，就很容易给他造成心理干扰、情绪压力，使其产生焦虑、厌烦、不安等心态，导致他们无法安心地学习。同样，这样的环境不利于孩子专注习惯的养成。

**2. 培养孩子的自制力**

孩子专注的习惯建立在自我控制能力上，因此家长应培养孩子的自控能力。

培养孩子的自我控制能力可以在日常生活中有计划地进行。应从帮助孩子控制外部行为做起，要求孩子在一段时间内专心做一件事，不要一会儿干这，一会儿干那（如不要边吃饭边玩）；看书、绘画时要保持正确姿势，不乱动、不乱摸。还可以让孩子通过某项专门训练，如练琴、书法、绘画来培养自制力。训练时最好固定时间、固定地点进行，因为这样可以形成心理活动定向，即每当孩子在习惯了的时间和地点坐下时，精神便条件反射地集中起来。

还可以用奖励的办法鼓励孩子提高自制力。例如，一个平时写字总是拖拖拉拉、漫不经心的孩子，如果你许诺他认真写字，按时完成任务之后就送一件他一直想得到的礼物，他一定会安下心来，集中注意力认真地写字。

### 3. 孩子要在规定的时间内完成作业

如果父母要求孩子在一定的时间内完成家庭作业，孩子就会按照父母的要求在规定的时间内完成。在这一限定的时间内，他就会集中注意力，努力认真地完成作业。

研究表明：不同年龄的孩子的注意力稳定时间是不一样的。一般来说，5～10岁的孩子能集中注意力20分钟左右；10～12岁的孩子能集中注意力25分钟左右；12岁以上的孩子可以集中注意力半小时以上。可见，如果让一个10岁的孩子坐在那里60分钟，去专注地完成作业几乎是不可能的。要根据孩子的年龄特征，给孩子安排合理的时间，让孩子在适当的时间内集中注意力，以保证完成作业或学习任务。

如果父母给孩子布置的作业过多，超过了孩子注意力稳定的时间，应该让孩子一部分一部分地来完成，使孩子的学习有张有弛，这样有利于孩子集中注意力，提高学习效率。如果父母不允许孩子中途休息，长时间地让孩子做作业，甚至坐在孩子的旁边监督，还唠叨不停，就容易使孩子产生抵触心理，从而失去学习的兴趣，注意力也就不能集中。

### 4. 在兴趣中培养孩子的注意力

兴趣是最好的老师，不管谁在做自己感兴趣的事情时，都会很投入、很专心，孩子也是如此。对孩子来说，他的注意力在一定程度上直接受其兴趣和情绪的控制。因此，我们应该注意把培养孩子广泛的兴趣与培养注意力结合起来。

培养孩子的兴趣，要采取诱导的方式激发。还可以利用孩子喜欢故事的特点，给孩子买一些有文字提示的图画故事书。让孩子一边听故事一边看书，并且告诉他这些好听的故事都是用书中的文字编写的，引发孩子识字的兴趣。然后，教孩子认一些简单的象形字，从而使孩子的注意力在有趣的识字活动中得到培养。

### 5. 教给孩子专注的方法

刘炜的爸爸听刘炜的老师说，刘炜在上课的时候经常精神不集中，很多时候，老师问他问题他都答非所问。为此，刘爸爸给刘炜下了死命令，要求他上课的时候必须全神贯注，具体地讲就是：

（1）眼睛盯着老师

老师的动作、老师的板书、老师的推导和演算过程，一样都不许落下。

（2）耳朵跟着老师

老师突出的重点、讲解的难点、强调的细节都必须听清楚，弄明白。

（3）笔头要跟上

听课时的一些要点、联想、感受，甚至迸出的火花要随手记下来，在书上也要有标注。

（4）注意力罩着知识

要边看边听边琢磨，注意相关知识的联系，想得广一点、深一点，总结出规律和方法。

爸爸意味深长地对刘炜说："眼在、耳在、神在，那才叫上课。"

刘炜按照爸爸说的那样做，上课注意力集中以后，再认真做点作业，到期末考试，好像不用怎么复习，拿出课本和笔记本一翻，老师讲的都在眼前了。正因为如此，刘炜的学习成绩非常出色。

为此，刘炜深有感触地说："如果我的爸爸与其他人一样只会要求我说'上课要集中精神，要听老师的话，考试要考 100 分'，却不告诉我具体该怎么做，我想我必定也是一头雾水的。爸爸的高明就在于他告诉我，怎么做才是全神贯注的表现。而我按照爸爸说的做了，自然也就做到把注意力集中到学习上了！"刘炜的例子告诉我们，只有教给孩子专注的方法，孩子才能更好地执行，并使之成为一种习惯。

### 6. 多表扬孩子的进步

强化良好行为：当孩子出现一些良好的行为或比以前有进步的行为时，如做作业比以前集中，小动作比以前减少时，给予表扬、奖励（可以以关怀他作为表扬，可用孩子非常喜欢的活动作为表扬，也可用他喜欢的东西作为表扬）。多注意孩子的长处，多表扬他的优点。

### 7. 家长以身作则

家长的言行举止、行为方式对孩子的成长起着举足轻重的示范作用。由此，家长要培养孩子专注的习惯，首先要从自身做起。如，做事情的时候专心投入，玩的时候也尽情尽兴。家长的这些做法会给孩子留下很深的印象，并让他们学会以此为做事的准则。

总之，孩子专注的习惯是在学习和生活中循序渐进，慢慢养成的。家长对孩子的要求要有个梯度，不能要求孩子一下子就能做到"心无旁骛"。如果孩子一时还不能达到自己的要求，家长应耐心引导，给予信任。只有经过长期的训练，孩子的注意之窗才能洒入更多阳光。

## 有些拖延是家长惯出来的

孩子的拖延习惯很大程度上来源于父母的过度纵容和保护。当今社会，独生子女居多，父母对孩子的殷殷期盼可想而知，除了必要的课程，父母为孩子包办了一切。这种行为直接导致孩子缺乏自主性，在独自完成一件事时，很可能会拖延。

父母坚持不懈地纵容和保护会让孩子产生很大的依赖性，觉得很多事情都是父母应该为自己做的，自己没有任何责任。这样一来，孩子遇到事就会想到父母，能拖就拖，最终形成了拖延的习惯。

莎莎今年 7 岁了，聪明伶俐，说起话来头头是道，但是她有个毛病，就是喜欢为自己辩解。每次莎莎犯了错，被家里人指出来，她都会将责任推到别人身上。

比如，有一次，莎莎和表弟做游戏，不小心把洋娃娃摔坏了，妈妈让她拾起来，她却说："等一会儿我就收拾。"妈妈出门之后，莎莎就继续和表弟玩了起来，等妈妈再进门的时候，发现莎莎仍然没有收拾，便再次提醒她，她却说："我累了，我要休息一会儿。"

每次莎莎玩完玩具之后，都不会主动收拾，即使妈妈提醒她收拾，她也会找各种借口，最后都是妈妈一边叹气一边收拾好。妈妈心里知道，自己讲的那些大道理莎莎都明白，只是不愿意去做。对此，妈妈也无可奈何。这都是因为去年暑假，妈妈给莎莎报了英语班，为了让女儿好好学习，妈妈事无巨细都替莎莎做好，这让莎莎养成了拖延的坏习惯。

认识到问题之后，妈妈及时采取措施，每次莎莎不收拾玩具，晚上睡觉的时候妈妈就让莎莎睡在满地满床玩具的房间里，莎莎吵闹着让妈妈帮她收拾，妈妈却提醒她："自己的房间要自己收拾，你白天光顾着玩，自己不收拾，晚上就只能睡在堆满玩具的房间里。"连续几次，莎莎的情况终于有所好转，到后来再也不拖延了。

通过上面的案例，我们不难看出，父母太惯着孩子，其实就是在害孩子。对于孩子的拖延症，父母一定不能掉以轻心，不要以为是小事就姑息，或是直接帮孩子做好，这样做只会让孩子越来越被动消极，越来越没有责任心，做什么事都需要家长或老师督促和监督。不难想象，这样的孩子长大之后做事能力一定很差，而且总需要别人催促才能不紧不慢地做事，别人批评两句，她还会误以为故意找碴儿。这样的人，不管是在工作还是生活中，都不会有人喜欢。

小孩子虽然不可能像成人那样做事面面俱到，但是作为家长，可以在生活的点滴中有意锻炼孩子，让孩子独立做些事，有自己负责的机会。

## 教育这件事，父母要形成统一战线

随着社会对孩子的教育越来越重视，很多父母在教育孩子时会产生分歧，甚至因此而爆发家庭矛盾和纠纷。其实，无论是爸爸还是妈妈，还是一些家庭中负责带孙子的爷爷、奶奶、姥姥、姥爷，管教孩子的初衷都是为孩子好。虽然目的相同，但是这些极爱孩子的几个成员之间难免在教育孩子的时候产生分歧。其实，只有家庭成员之间的教育观念一致，才能保证家庭教育集中力量，起到最好的效果。

否则，爸爸要往东，妈妈要往西，孩子无法判断谁的教育观念正确，内心也会因此产生混乱，导致爸爸妈妈在孩子心目中都失去威信。明智的父母知道，哪怕在教育孩子的问题上产生分歧，也不该当着孩子的面争吵，可以等孩子不在身边时进行友好协商，取得一致之后再同心协力教育孩子。

孩子稍大一些时，智力发育到更高的水平，心眼儿也变得更多。一旦他们发现父母在教育自己的问题上有分歧，不在统一战线上，他们就会钻空子，不但给父母制造矛盾，还会找"理所当然"的借口故意拖延。如此一来，家庭教育就会失去统一战线，别说正面的效果了，还可能事与愿违，产生负面效果。

所以，父母发现彼此之间意见有分歧时，一定要好好商量，从而总结出对孩子更好的方案，展开对孩子的教育，千万不要因为意见不合就争吵，甚至我行我素，让孩子受夹板气，或是被孩子钻空子。

不同的意见会让孩子发现家长之间的矛盾，从而处在等待选择中，逐渐养成该完成的事情不完成，该做的决定不做，最终形成拖延。不同的意见还会让孩子不知道听谁的，以致在执行一个人的指令时心中想着另一个人的意思，做事的专注力无法保证，逐渐形成效率低下的坏习惯。

12岁的文杰是家里的独生子，为了她的教育问题，爸爸妈妈不知道吵了多少次架。妈妈总是对文杰盯得太紧，要求也很高，逼得文杰一学习就头疼。爸爸常常劝说妈妈不要强求文杰，可以给文杰创造更好的条件，每个孩子天赋不同，不能要求文杰必须向第一名看齐。当然，爸爸也有些处理不当，因为他每次指责妈妈教育方法不当时，都是在妈妈逼得文杰展开"母子大战"的时候，这样一来，文杰心中对妈妈自然更加不满，也因为有了爸爸撑腰，根本不愿意服从妈妈的安排。

一次，妈妈正在训斥文杰英语考试成绩太差，爸爸又在旁边插画，妈妈当即与爸爸爆发了激烈的争吵："你懂孩子的教育吗？他才考了八十多分，以后怎么跟得上啊！你只会说好听的，儿子的学习你管过几次？你要是想管，以后就都由你来管，我早晚被你们爷俩气死，你还在这里说风凉话！"趁着妈妈斥责爸爸，文杰悄悄溜回自己的房间，并没有按照妈妈所说的那样订正英语试卷，完成复习题。

和爸爸吵完架，妈妈去文杰的房间检查作业，发现文杰正在打游戏，不由得火冒三丈："你考得这么差，还有心思打游戏？作业都写完了吗？我让你背诵的英语短文你背了吗？"

文杰一脸无辜地说："妈妈，你刚才没说让我背什么英语短文啊！我以为我就听爸爸的，不用背了呢！"妈妈这才想起自己刚才气昏了头，背诵任务没布置完，就开始与爸爸吵架了。检查了文杰的作业本，妈妈发现文杰连作业都没写，不由得心里暗想："原来，他是在钻空子，趁着我们吵架的时候打游戏！"可妈妈此时已经没有力气吵架了，因而直接通知文杰："以后你的教育问题归我一个人管，你就听我的。"事后，妈妈与爸爸和好，将这件事情告知爸爸。爸爸不由得暗自好笑："没想到我儿子还挺聪明！"不过，这一次妈妈并没有和爸爸吵架，而是义正词严地告诉爸爸："以后，文杰的学习归我主管。你若有什么意见，可以背后告诉我，但不能当着文杰的面否定我。否则，文杰钻了空子，即使受到批评，也不能起到很好的效果。"

爸爸赞同妈妈的话，连连点头。现实生活中，因孩子教育问题，父母之间发生的争吵数不胜数。不懂教育心理学的父母当着孩子的面吵架，教育的效果会大幅度下降；明智的会避免在孩子面前吵架，并尽可能在孩子的教育问题上形成统一战线，这样才能更好地教育孩子，避免孩子钻空子而故意拖延。

爸爸妈妈之间哪怕不是争吵，只是小小的分歧，只要是关于孩子的，也不要在孩子面前表现出来。否则一旦发现自己可以不听妈妈爸爸的话，就会不信服爸爸妈妈，不把爸爸妈妈的教育和教导放在心上，导致家庭教育效果变差。尤其是在孩子身上出现问题，爸爸妈妈督促孩子改正时，意见不一致更会促成孩子的拖延。

当然，有时爸爸妈妈教育孩子的做法不一定对，即便在这种情况下，一方也不要当着孩子的面指责另一方，而要在事后和另一方认真沟通，达成一致。有很多父母经常一个唱红脸，另一个唱白脸，这样一个人可以严厉教育孩子，另一个人可以帮孩子求情、"和稀泥"、给孩子台阶下，让孩子感受到父母对自己的严厉和宽容，从而更愿意接受父母的意见和建议，积极改正自己的不当言行。

## 不要给孩子贴上"拖延"的标签

在教育孩子的过程中，最忌讳的事情就是给孩子贴标签。无论是老师还是父母，都不要轻易给孩子下结论。

孩子年纪小，身心发展尚不健全，不能对大人的话做出准确的判断。又因为孩子最依赖和信任的人就是父母，因此，父母的话更容易对孩子造成影响，甚至误导孩子不能对自己做出正确、中肯的评价。明智的父母知道，即使孩子真的很拖延，也不能给孩子贴上拖延症的标签，否则孩子不仅不会改变拖延的状况，甚至会认定自己的本质就是拖延而变本加厉。因为在意识中一旦接受自己是拖延的人，就很难再有意识地改变，反而会将自己的拖延合理化。

很多孩子小时候都会表现出慢慢吞吞的状态，看起来很呆萌，笨笨的很可爱。比如，孩子穿一双鞋就需要几分钟，穿好衣服、鞋子差不多需要半个小时的时间，父母在看到孩子慢吞吞的样子感到心急如焚，恨不得替孩子做。即使可以强忍住不替孩子做，也会在一边不停地催促，最终导致孩子在父母的催促下产生逆反心理，越来越慢。或者认可父母对自己的评价，因而心安理得地继续拖延下去。每当此时，父母常常感到气愤，因而不合时宜的话也就脱口而出："你这么慢，真是个拖拉鬼呢！"有的父母还会说："你这么一天到晚磨磨蹭蹭的，以后可怎么办啊，你这孩子，天生就比别人慢半拍吗？"

虽然类似的话语没有直接给孩子冠以"拖延症"的标签，却让孩子变得更加缓慢，因为孩子已经陷入恶性循环，他们原本就缺乏社会经验与人生阅历，现在又被父母指责，可想而知他们根本没有信心耐下心来做事情了。特别是父母对自己的负面定论，更容易打击孩子的自信心，让孩子感到无所适从。

妈妈们参加同学聚会时，谈论的几乎都是自己的孩子，每位妈妈都觉得自己的孩子是最优秀的，别人的孩子无法比及。可是，一旦有人无意间说起孩子的拖延，妈妈们对孩子的赞美大会马上会变成对孩子的控诉大会。几乎每个妈妈都在控诉自己孩子的拖延，甚至觉得孩子一点都不像自己，没有自己雷厉风行的性格！

很多女人容易产生冲动情绪，一部分归咎于性格特征。但是低龄的孩子本身就是慢的，不可能赶得上大人的节奏。要想当好妈妈，就要放缓自己的节奏，让自己适应孩子的节奏，如此才能避免给孩子造成紧张和压迫感。特别是在冲动的时候，千万不能口不择言，更不能给孩子贴标签，因为孩子对自己的认知与定义尚未成熟，很容易受到妈妈论断的影响。

很多孩子都有拖延的表现，越是低龄的孩子越明显，这种现象对于孩子而言是完全正常的。任何时候，作为父母，本着对孩子负责任的态度，不要随意给孩子贴标签，否则孩子就会因为受到心理暗示，渐渐变得越来越符合标签的定义。记得曾经有人说，如果你想让一个人变成你所期望的样子，那么你就要像自己所期望的那样去表扬和赞美他。从心理学的角度来说，贴标签和赞美对于人的心理暗示作用一样，因此父母一定要对孩子谨言慎行，不要因为一着不慎就对孩子造成负面影响。

父母一定要区分清楚，虽然拖延的显著特征就是做事慢，可有些孩子的慢并非是故意拖延，而是因为能力不强导致的。举个最简单的例子，妈妈做家务的速度一定很快，而孩子哪怕只是做些扫地、擦桌子的简单家务，也会因为不擅长，导致花费了很长时间都没完全做好。妈妈要知道，让孩子扫地最重要的是让孩子在做家务的过程中学习做家务，孩子根本不可能一开始就能迅速地完成家务，所以，只要孩子态度端正，积极、努力地去做就足够了。只有在孩子心有余力时，父母才能提高对孩子的要求，让孩子做得更快、更好。

在面对孩子的拖延时，首先要区分孩子是真的拖延，还是父母以为孩子在拖延，即使孩子的确有点慢，父母也应该鼓励孩子加快速度，而不是一味地指责和批评，更不给孩子贴上"拖延"的标签。

## 了解儿童心理，才能找出拖延"根源"

孩子虽然人小，但也有自己的心思。随着生活节奏的加快，社会生活压力的增大，很多成年人都存在一定的心理问题，甚至有的企业还专门开设了心理诊室。例如富士康，在某年连续发生几起跳楼自杀事件后，便开始关注员工的心理疏导工作。

成年人有自我疏导能力，仍然存在心理健康问题，更何况自我疏导能力欠缺的孩子？有心理学家经过长期的跟踪调查发现，孩子在童年时期导致的心理问题，很可能在成年后表现出来。甚至有的成年人，潜意识里还受到褓褓时期特殊记忆的影响。由此可见，心理问题不容小觑，父母更不要觉得孩子小不会有太多的想法或意见等，因而忽略了孩子。如果多关注和了解孩子的内心世界，父母就能找到孩子拖延的根源，才能避免治标不治本，从而彻底帮助孩子戒除拖延问题。

如果让父母说出孩子心里正在想什么、渴望做什么，相信很多父母都会觉得很茫然。特别是把孩子交给家中老人带的父母，和孩子的接触更少，所以更不了解孩子。只有父母与孩子心意相通，与孩子的相处才会融洽，沟通也会顺畅，而这一切都基于父母了解孩子的心理。


今天是星期六，爸爸妈妈带着 5 岁的洋洋去野外玩耍。中午，全家人刚吃过野餐，天色突然暗下来，转眼间，乌云密布，眼看着就要下雨了，妈妈招呼正蹲在草丛边玩的洋洋赶紧收拾玩具，准备开车回家。

提醒完洋洋，妈妈也开始加快速度收拾野餐的用具等，爸爸赶忙拆掉帐篷。妈妈收拾完后，回头一看，洋洋仍然蹲在那里玩儿，根本没动。妈妈不由得火冒三丈，冲着洋洋喊道："洋洋，你怎么这么磨蹭啊？马上就要下雨了，真是个拖拉鬼。你再不走，我和爸爸先走了，你今晚就留在这里睡觉吧！"

洋洋仍然不理妈妈，继续蹲在地上一动不动。妈妈忍无可忍，走过去一把拎起洋洋，洋洋被吓了一跳，瞪着无辜的眼睛看着妈妈。妈妈再次问道："洋洋，你为什么还不收拾东西？"洋洋没有回答，妈妈这时收了怒火，疑惑地问："你在干什么呢，妈妈喊你听见没有？"洋洋指着地上告诉妈妈："妈妈，我正在看蚂蚁搬家呢！我在想，蚂蚁为什么要忙着搬家呢？"

妈妈看到洋洋观察得这么仔细，自己却对她一通责备，顿时感到有些内疚：原来洋洋并不是故意拖延，只是太投入了，根本没听到妈妈的话。妈妈借此机会给洋洋讲了蚂蚁搬家的故事，告诉洋洋蚂蚁为什么要在下雨的时候搬家。洋洋恍然大悟："蚂蚁真勤劳呀！"

案例中的洋洋投入地观察蚂蚁，妈妈之前并未发现，而是以为洋洋在故意拖延。实际上，孩子的内心世界十分丰富，父母生养了孩子，不要因此就觉得自己是最了解孩子的。孩子从呱呱坠地的那一刻起便是独立的生命个体，父母既要照顾孩子的饮食起居，也要多关注孩子的内心世界，了解孩子，才能更好地观察孩子的言行举止，才能有效地帮助孩子改正拖延的行为。

若父母不了解孩子的内心，不能把话说到孩子心里去，那么父母说得越多，就越容易激发孩子的逆反心理，导致孩子对父母的话置之不理，总是和父母对着干。如此一来，父母和孩子便无法沟通，就更不能顺利开展对孩子的教育和引导工作了。父母了解孩子的内心世界和心理状态，对亲子关系和家庭教育而言至关重要。

# 第四章
# 培养习惯：让孩子形成什么时间做什么事的习惯

习惯的力量很强大，好习惯可以促进一个人有所成就，而坏习惯却会让人跑偏，甚至毁掉一个人的一生。父母在教育孩子的过程中，除了要培养孩子的时间观念，还要纠正孩子浪费时间的坏习惯。

## 别让孩子养成爱睡懒觉的毛病

10岁的兰兰今天早上因为迟到又挨老师批评了。兰兰很郁闷，回家哭哭啼啼地抱怨妈妈不叫她起床。妈妈很无奈，实际上，发生这样的情况并不是一次两次了。

像兰兰这样的孩子在生活中并不鲜见。因为冬天怕冷，春天、秋天容易困倦，夏天贪凉，因此，很多孩子在早上总想多睡一会儿，很多时候，都要家长催着、逼着、哄着方才懒洋洋地起床。孩子好不容易从床上起来了，却依然是睡眼惺忪，刷牙、洗脸、穿衣都拖拖拉拉。家长在一旁急得团团转，担心孩子来不及吃饭，担心孩子上课迟到挨老师批评，担心孩子上学落东西……最后连自己上班也迟到了。

### 1. 孩子爱睡懒觉的弊端

（1）影响胃肠道功能

孩子最佳的早饭时间一般是7点左右，此时昨晚吃的食物已基本消化完，胃肠会因饥饿而收缩。很多孩子为了睡懒觉常常没有时间吃早餐，时间长了，易患慢性胃炎、溃疡等病，也容易发生消化不良、厌食。

（2）打乱自身生物钟

每个孩子的内分泌及各种器官的活动有一定昼夜规律，这种规律调节着孩子自身的各种生理活动，可以让孩子在白天有充沛的精力去学习，晚上能睡一个高质量的觉。如果总是睡懒觉，就会扰乱体内生物钟节律，使内分泌激素出现异常。长时间这样，孩子会精神不振，情绪低落。

（3）懒觉影响孩子肌肉的兴奋性

孩子在经过一夜的休息之后，早晨是肌肉最为放松的时候。如果醒后立即起床活动，可使血液循环加剧，血液供应增加，从而有利于肌肉纤维的修复能力。而睡懒觉的孩子肌肉组织长时间处于松缓状态，得不到好的锻炼，因此肌肉修复能力差，起床后会感到腿酸软无力，腰部不适。

（4）爱睡懒觉的孩子身体素质差

俗话说得好："早睡早起身体好。"早晨爱睡懒觉会增加体内脂肪的积累，使孩子发胖。体内脂肪越多，患上疾病的概率就越高。此外，体力锻炼对中枢神经系统和内分泌系统有着良性的刺激作用，能改善新陈代谢过程，如果爱睡懒觉，不参加体育锻炼，则不利于身体素质的增强。此外，爱睡懒觉还会降低孩子的记忆力。

每个家长都希望自己的孩子能够健健康康地成长，因此，千万不要让孩子养成爱睡懒觉的毛病。

## 2. 引导孩子早起的技巧

（1）训练准时起床

如果孩子年龄小，还不懂得用闹钟，要告诉孩子："妈妈叫你起床时，只叫一次，如果你不起来，就让你迟到好了！"坚持只叫一次，让孩子自觉起床。孩子年纪大点时，便给他买一个闹钟，教他如何调校及使用，父母就不用再叫他了。

（2）鼓励孩子早起

父母不要因孩子赖床而大声训斥，这样孩子会产生逆反情绪，以后更不愿意起床或起床后不愉快。父母应该耐心地对待孩子，起床时多给他一些鼓励的话、亲切的动作、悦耳的音乐、可口的早点，让孩子高兴起来。对孩子的行为要以鼓励为主，尤其在孩子有好的表现时，更要及时表扬，慢慢孩子就会自觉地这样做。

（3）要选择适当的时间叫醒孩子

人的睡眠分几个阶段，早晨多处于做梦阶段。最好的判断方法就是仔细观察孩子在睡眠中睫毛是否颤动，如果有颤动，此时父母最好不要叫醒孩子，不然孩子醒后会情绪不好，身体不舒服，而且父母无论让他做什么，都不愿配合。

（4）睡前准备就绪

在睡前要求孩子整理自己的书包，把第二天该带的东西都准备好。如果天气寒冷，也可以先把第二天要穿的内衣当成睡衣穿，这样起床后就只需要帮孩子套上毛衣、外套即可，不但可以避免孩子在穿脱之间着凉，也可以减少起床后的准备时间。

（5）让孩子明白珍惜时间的道理

观念决定着行动，孩子的赖床，可能是不懂得如何珍惜时间，或者不知道为什么要早起，家长要注意抓住时机，适时适当地多给孩子讲讲道理。但注意不要空谈，要结合具体的问题和情境讲道理。比如孩子因早上赖床而迟到了，家长就可以帮他分析一下，如果准时起床不磨蹭，不就把迟到的时间抢回来了吗？这样，孩子就明白了醒来之后马上起床的必要性。

（6）让孩子自己承担后果

要让孩子养成准时起床的习惯，而且能独立照顾自己，只有让孩子自己承担行为的后果：赖床的后果是来不及吃早餐——挨饿；匆忙漏掉要带的功课或课本、上学迟到——将会受到老师的责罚。父母不妨让他一人承担这样的后果。

（7）对于孩子的赖床可以适当地处罚

学龄前的孩子起床需要家长督促帮助，这是正常现象，但在7～8岁之后仍然不能自己按时起床，甚至早上醒了也不起床，就需要一定的惩罚了。处罚前，要给孩子制订时间表，让孩子明白，如果达不到规定的时间目标会受到怎样的处罚。处罚应该是公平合理的，不可过重，也不可说了不算，例如：因起床不能按时吃早点，就没有早饭可吃。要让孩子为自己的行为付出代价，不要只家长着急，孩子一点也不着急，家长帮他做这做那，一旦照顾不到，孩子则手足无措，要让孩子适当吃些苦头，避免将来栽大跟头。

## 让孩子养成午睡的好习惯

周六，天气晴朗，小梅嚷嚷着要去游乐场玩，妈妈开车带小梅来到游乐场，刚巧碰到几个同班同学，小梅玩得不亦乐乎。妈妈看小梅这么开心，就对她说："小梅，今天是星期六，你可以尽情地和朋友们玩。"

"太好了！"小梅挥舞着小手冲向弹簧床。排队的人很多，小梅等了很久，终于排到自己，她兴奋地爬上跳跳床，开心地玩了起来，仿佛飞起来一般。

玩了十几分钟，小梅走下跳跳床。这时，妈妈问小梅："敢不敢玩急速风车啊？"小梅开心得手舞足蹈。接下来，小梅又坐了过山车、摩天轮，走出游乐场时，已经是下午2点多。小梅有点无精打采，她对妈妈说："妈妈，我有点困啦。""忍一忍就过去了，今天又不用上学，就该好好玩一下啊。走，妈妈带你去动物园看大老虎！"妈妈的话让小梅一下子精神振奋，她兴高采烈地奔向动物园。

接下来，妈妈又带着小梅看大象、大熊猫，最后还去了海底世界。直到天黑动物园要关门了，妈妈才带着小梅回家。

周日，妈妈又带着小梅逛了一整天街，给小梅买了喜欢的裙子和洋娃娃，也没有给小梅安排午休的时间，结果当晚一回到家，小梅连晚饭都顾不上吃就睡着了。

星期一，学校的老师打电话反映说："这一个礼拜，小梅的作息时间都乱了。吃饭时只顾着玩，结果错过了吃饭时间；中午其他小朋友都午休，只有小梅翻来覆去睡不着；下午上课的时候，小梅一边听课一边打瞌睡……"听了老师的这番话后，小梅的妈妈认真做了反省，随后向老师坦白说："都是我不好，周末带她疯玩了两天，没顾得上午休，把她作息时间全打乱了，导致孩子午休时间变得不规律。"从那之后，无论带小梅去哪儿玩，妈妈都会赶在中午之前回家，让小梅按时午休。

在上面的案例中，小梅因为周末贪玩，作息时间被打乱，结果她回到学校之后，无法像以前那样遵守正常的作息时间了。孩子处在身体和作息培养的关键阶段，午休是不能少的。孩子休息好，做到劳逸结合、张弛有度，身心才能健康成长。

那么，父母要怎么做才能培养好孩子的午睡习惯呢？可以从以下几点入手：

### 1. 坚持安排孩子午睡，让孩子形成习惯

即使孩子放假在家里，父母也要给孩子安排好一天的作息时间，让孩子在规定的时间吃饭、睡觉、学习。到了午睡时间，坚决让孩子停止一切活动，让孩子午休，如此反复，他就会形成条件反射，以后到了午睡时间，孩子就会产生睡意，逐渐养成自动入睡的好习惯。

### 2. 调整孩子的活动内容，增加孩子的疲倦感

如果孩子中午不睡觉或不准时睡午觉，父母可以在上午调整孩子的活动内容，增加孩子的活动量，让孩子产生疲倦感。例如，孩子上午做完功课之后，可以安排孩子跑步、打篮球、踢毽子、打羽毛球等体育活动，让孩子产生困倦感，到中午休息的时间自然可以入睡。

### 3. 为孩子创造良好的睡眠环境

孩子午休时，房间要保持通风透气，避免外界干扰。天气太热可以适当打开空调降低室内温度。天气转冷，可以给孩子增两件衣服，盖一床稍微厚点的被子。此外，孩子午休时，父母尽量保持安静，同时想办法隔断外界噪声。

## 严格规定孩子看电视的时间

对孩子而言，电视是一种最轻松、不必花费脑筋和力气的娱乐。他们只需要握着遥控器，轻轻地移动手指头，数十个电视台，琳琅满目的内容，就可以任由他们挑选和转换。对家长来说，电视不仅是一个好保姆，还是一个家庭冲突的"调解者"。因为有了电视，家长可以暂时摆脱照顾孩子的压力；因为有了电视，家里的争吵似乎也因此平息了不少。

电视带来的方便，让越来越多的人生活离不开电视。"打开电视"变成每个人日常生活中一个自动化的动作。早上起床，下班回家，第一个动作就是打开电视。电视的声音变成日常生活的背景音效，在很多家庭里，如果没有电视的声音反倒让人感觉很不习惯。

然而，家长们是否想过：当你的孩子把大量的时间用于看电视时，他与外界交往的机会就大大减少。长时间独处，会使孩子的心理发育产生障碍。当孩子不看电视时，他就会变得焦躁不安。更有甚者，有一些孩子离了电视便茶饭不思。在这种严重的"电视瘾"的影响下，孩子如何能安心学习、专心上课呢？于是出现了这样一些现象：老师提问时，孩子常常是支支吾吾，不知所云。或者是回答了，也是答非所问，让人匪夷所思。

日本兵库教育大学针对上千名 3 岁幼儿进行的一项调查指出，幼儿长时间看电视或录影带，可能对其注意力造成不良影响。

问卷调查是针对 3 岁 6 个月幼儿的家长进行的，有 1180 人做了回答。

调查结果显示，一天看电视不超过 4 小时的幼儿中，96.3％的幼儿可注意到爸爸妈妈下班回来时的动静，从而有一些迎接爸爸妈妈的举动。如，给爸爸妈妈拿拖鞋，帮爸爸妈妈拿水果等。而看电视超过 4 小时的幼儿，只有 80.2％的幼儿会有这些动作。

一天看电视不超过 2 小时的幼儿当中，有 95.1％的幼儿可以耐心排队等候荡秋千，一天看电视 2～4 小时的幼儿，也有 96.3％会耐心等待，但看电视超过 4 小时的只有 76.5％的幼儿有耐心等待。

看电视不超过 2 小时的幼儿当中，84％的幼儿会主动帮助、照顾其他幼儿，2～4 小时有 86.4％，4 小时以上只占 60.5％。

数字是最有力的说服武器。看了以上的调查数据，作为家长的你，还会让孩子沉湎于电视吗？

其实，长时间看电视并不是孩子内心的真正需要。很多妈妈可能会说："不对呀，我家孩子最喜欢看电视了。"其实，孩子对电视如饥似渴的"需要"是因为内心"空虚"而引起的。

孩子也会内心空虚吗？答案是肯定的。美国儿童心理学家普林格尔认为，儿童生来有爱的需要，有了解新事物的需要。从成人那里获得充满安全感的爱对孩子来说是第一位的。有了安全感，他才会充分利用自己的各种感官去感知周围的事物，积极发展自己的才干。对于周围的环境来说，孩子是一个真正的"参与者"。如果这些基本的、深层次的需要得不到满足，孩子会退而求其次，通过别的方式来满足自己内心的需要。

如同大禹治水，要疏堵结合才能见效。孩子几乎是不可能不看电视的，而且看电视对他的成长也并非有百害而无一利。家长要注意不放任孩子，不要让他乱看，想看什么就看什么，以免他会盲目、随意地找一些并不适合他的节目来看。不要让孩子看太多复杂的成人节目，比如言情片、武打片、警匪片，因为孩子很难理解。有两类节目较适合儿童去观看，一类就是儿童文学，像一些儿童文学的名著，童话改编的故事片、动画片都是很好的；另一类就是知识类的，比如说大自然探险、动物世界、科学奥秘等节目，对孩子也很有好处。让孩子看这样的电视节目，对他们的身心发展是很有益处的，因为儿童的观察是一种直观性的，年龄越小越不喜欢文字而喜欢画面。

此外，可以引导学龄儿童多看一些新闻时事节目。在调查中发现，有些孩子由于学习压力过大，没有时间看电视，也没有时间看课外书，结果孩子生活内容贫乏，连一些最基本的常识都不知道。

甚至，家长还可以引导孩子看广告。一个开放的世界，也是一个广告的世界，广告都会用艺术的、夸张的手法去展示自己产品美好的一面。要提醒孩子不要盲从广告消费，在看广告时要引导孩子判断哪些信息是正确的、有用的，用其利而防其弊，这样才可谓是成熟的广告教育。

一定跟孩子商定看电视的时间，并严格遵守。当然时间的规定应和孩子认真地协商，然后定一个规则，定了规则之后就不能够违反，一定要说话算话。如果孩子违反了，要有惩罚措施。例如只要超过了时间，那就以两天不能看电视，或者一个星期不能看电视为惩罚。一定要让孩子遵守规定，做到说话算话，让孩子对自己负责。

许多年轻的家长会说，孩子由于年龄小，对于不让他看电视的要求往往以哭闹来对付，听着孩子的哭声，许多家长只能"束手就擒"。其实，家长应该先申明规矩，如果孩子不遵守，就可以采取暂时冷落孩子的方法。孩子因为看不上电视吵闹，首先应不理他，如果孩子任性地摔东西，就要严肃地警告他：损坏东西要赔，并且更长时间不许他看电视。

当然，家长也要约束自己。要求孩子有节制地看电视，家长当然要以身作则。现实生活中确实有部分家长缺乏其他消遣爱好，将所有的空闲时间都花在看电视上，如果自己不分时间看电视，却要求孩子少看、不看电视，这是很困难的。

最后，家长应该将孩子的活动尽量安排好，使孩子不必用电视来填补时间的空白。如起床、三餐、点心、就寝、午休、户外活动、室内活动、讲故事、搭积木以及和小朋友玩耍的时间等，要有规律，要让孩子的生活充实起来。

## 别让孩子沉溺于网络游戏

近年来，专门针对青少年设计的游戏产品如雨后春笋般相继面世，健康的网络游戏可以给孩子带来新鲜的乐趣，也可以使孩子在游戏中开发智力、增长知识，但是包含暴力、色情内容的网络游戏，却会侵蚀孩子的心灵，让孩子沉溺在网络游戏中，迷失自己。

案例一：

13 岁的军军自从迷上网络游戏以后，成天脑袋里想的都是"升级""装备"一类的东西，已发展到不让玩就不去上学的地步。

妈妈非常苦恼，经常找军军谈心，可军军就是没有办法控制自己。每每放学，他就心痒痒的，脚也忍不住往网吧迈去……

案例二：

文斌原是个品学兼优的好学生，自从迷上电玩游戏，学业成绩就直线下滑。母亲知道后，就减少他的零用钱，想借此阻止他。他也真的因为口袋里没有钱，而无法继续玩电玩游戏，于是就开始偷，凡能得手的地方，他从不放过，无论是自己家、亲戚家，甚至同学家，手伸到哪儿就偷到哪儿。

文斌的妈妈"恨铁不成钢"，把文斌锁在家里，而文斌为了出去玩游戏，居然从他们家 3 层的阳台上往下跳，最终摔断了腿。

……

爱玩、爱游戏是孩子的天性。而孩子由于自制力差，所以不能抵抗来自游戏的诱惑。网络游戏让他们很容易找到现实生活中失去的快乐感、满足感和成就感，以致上瘾而耽误了学业，伤害了身体。可以说，孩子沉溺于网络游戏已经成为中国众多家长的巨大心病。

那么，如何才能让孩子抵制网络游戏的诱惑呢？

教育专家建议，要让孩子不过于沉溺于网络游戏中，家长应正确地引导和教育，帮助孩子养成良好的用"网"习惯。具体做到：

### 1. 和孩子建立和谐、良好的关系

家长应重视孩子的心理需求，营造利于缓解孩子紧张压抑情绪的家庭氛围，正确引导孩子投入到学习中去，不让孩子背负太多的学业和心理负担，将不良影响减至最低。对于已经迷恋网络游戏的孩子，家长切忌一味责骂和采取强制手段，而要认真分析原因，做到对症下药，引导孩子对其他活动的兴趣，带孩子去图书馆、博物馆、公园运动运动，开阔眼界，锻炼身体，以减少玩电脑游戏的时间。

### 2. 为孩子配备家用电脑

因为担心孩子迷恋电脑游戏和上网而不买电脑，结果孩子只能将对电脑的兴趣转移到网吧。网上的内容鱼龙混杂，更加难以控制，孩子辨别真伪的能力低下，难以分辨事情的好坏，在没人正确引导的情况下易掉入黄色网站、电脑游戏的陷阱里。

### 3. 关心孩子游戏的内容，和孩子一起玩

家长可以帮助孩子选择安全的网络游戏，当孩子开始玩游戏时，家长应该经常关心孩子玩的电子游戏的内容，有时间的话，不妨与孩子一起玩，并适时地引导孩子改正对电子游戏的态度。同时规定孩子玩游戏的时间，让孩子平衡学习和游戏的关系，也有利于父母掌握孩子玩电子游戏的情况。

### 4. 在玩游戏中培养孩子的自制力

以"有时有晌"约束他自发地、无休无止地玩游戏的倾向。平时每天玩游戏最好不超过一节课的时间，周末、节假日每天最好不

要超过3小时。还要注意每隔40分钟左右要停下来到户外活动活动。不提倡上小学的孩子玩大型网络游戏。如果孩子已经在玩了，应该与他们协商，要严格控制游戏时间。

### 5. 为孩子发掘游戏外的有益活动

事实上，孩子之所以对网络痴迷，没有养成健康的上网习惯，与家长的教育、引导失当，以及课外生活贫乏有关。因此，除了给孩子立下健康上网的规则以外，家长还应该培养孩子广泛的兴趣，尤其是热爱户外运动，这一点至关重要。这样孩子就不用太依靠网络游戏来填补生活的空虚。

### 6. 引导孩子学会交往

儿童长大的过程是社会化的过程，而社会化离不开与同龄群体的密切交往，离不开深刻的体验。所以，让孩子从小生活在伙伴的友谊之中，是避免虚拟时空诱惑最重要的保障。

其实网络游戏带给孩子的不完全是负面的影响，只要孩子懂得合理地安排游戏时间，正确地选择适合自己的游戏产品，家长严格控制孩子使用网络，同时引导他们正确地使用高科技产品，既可避免他们沉迷网络游戏，又可增加他们的知识，对孩子的发展同样有着很大的帮助。

## 守时是一种可贵的教养

守时既是信用的礼节，公共关系的首环，也是一个人做人的最基本的要求。它不仅体现出一个人对人、对事的态度，也体现出这个人的道德修养。对于不守时的人来说，浪费的不仅仅是自己的时间和生命，同时也是在消耗别人的时间和生命。守时其实是尊重别人的时间，也尊重自己的时间。尊重别人的时间相当于尊重别人的人格、权利，尊重自己的时间则无疑是珍惜自己的生命。因此，守时的孩子在今后更容易获得他人的尊重。每一次的守时，都会给对方留下良好的印象，从而为自己赢得一个又一个朋友。不遵守时间的人，在浪费自己和别人宝贵时间的同时，也会失去朋友，有谁愿意和一个不懂得珍惜时间，不懂得尊重他人的人做朋友呢？不守时只是一个表象，深层次的原因源于对时间的轻视和对别人的漠视，所以说，守时不单单是礼貌问题，更是人格问题。

守时是赢得信誉的保障。守时不仅能够帮助一个人赢得好名声，而且还能获得他人的信赖。依时守信，遵守时间的孩子，能让别人对自己有信心，他人会觉得这个孩子有责任感，懂得自我管理与约束，值得别人信赖，因此更愿把重任托付给他。这样，孩子便获得了他人的赏识与成功的机会。所以说，守时是人际关系的信用契约，一个时间观念淡薄的人，又怎能高效率地与人合作呢？大事上不守时，小事上还能让人放心吗？

守时的孩子心态上更积极、更健康。因为守时，孩子受到老师的喜爱、同学的信赖，因此在心态上更加乐观积极，更有创造力，自信心也更强。反之，不守时的孩子是不受人们欢迎的。不守时可能会造成孩子人际关系的紧张，因为别人不愿意老去等待一个对自己"怠慢"的人。

守时的孩子更容易形成不畏难的情绪，不论刮风下雨，他们都不找任何借口，总是依时守信，这样的孩子更有意志力，在今后也更容易战胜生活中的困难。这将有益于孩子的一生。

总之，守时是一种美德、一种素质、一种涵养，是待人有礼貌的表现。德国民间就流传着这么一句话，"准时是帝王的礼貌"。然而，让人遗憾的是并不是每个人都懂得这一礼貌。在我们的生活中，不守时的现象比比皆是，如小时候上学迟到；长大后约会迟到、面试迟到、上班迟到等。这种不守时的行为不但给他人留下不好的印象，还可能影响孩子的生活以及今后的发展道路，给孩子的人生留下不可估量的损失。所以，守时的习惯应该从小养成。

专家建议，要培养孩子守时的习惯，家长应从以下几个方面入手：

## 1. 为孩子做遵守时间的榜样

在为孩子制订作息制度的同时，父母也应对自己提出严格遵守时间的要求。不仅保证每天按时接送孩子，而且在工作、生活、言行等方面都尽量做遵守时间的榜样。平时，若答应孩子干什么或到什么地方，都要准时去做，决不拖延或改换时间。即使有特殊的情况，导致不遵守时间的现象出现，一定要向孩子道歉，并说明原因，使孩子知道这不是有意的。通过长期的教育和榜样行为的影响，孩子遵守时间的行为习惯不仅能得到发展和巩固，而且也使孩子初步懂得了遵守时间的重要性。

### 2. 为孩子制订一份家庭作息表

为了培养孩子遵守时间的良好习惯，可专门为孩子制订一份家庭作息时间表。如早晨7点起床，8点准时进幼儿园，下午4点半接孩子回家，晚上7点半前看电视，8点半前上床睡觉，保证孩子晚上有10个小时的睡眠时间。星期六、星期天，尽量做到与幼儿园保持一致，决不放松对孩子的要求。

### 3. 培养孩子的时间意识，多给孩子讲讲守时的重要性

比如要想别人尊重自己，就应该自己先真诚地尊重别人、尊重别人的时间。此外，还可以给孩子讲讲守时的故事，让孩子认识到守时的好处与不守时的危害等，以杜绝孩子不守时习惯的养成。

如果你的孩子在长期的生活过程中已经养成了一些不遵守时间的行为习惯，那么，就需要一定的时间去纠正了。如在执行家庭作息制度时，最初，孩子不能按照要求执行。如起床睡眠时间总是往后拖延，若催促便发脾气，甚至哭闹等。遇到此种情况，父母不能妥协和宽容，而应在严格要求的基础上，对孩子进行耐心的说服诱导，必要时可采取命令的方式要求孩子。作息制度长时间的严格执行后，孩子不遵守时间的坏习惯便慢慢纠正了，逐渐形成了遵守时间的良好行为。

## 给孩子制订合理的作息时间表

我们经常听到许多家长抱怨，自己的孩子整天坐在书桌旁学习却没有好的成绩，真不知道这孩子学习的时候在干什么。其实，家长可能忽视了一个问题，孩子虽然整天坐在书桌旁，但不见得他们都在专心地学习。这是因为，孩子心理过程的随意性很强，自我控制能力较差。因此，他们可能只是坐在那里发呆，捧着书本却心系别处，或者望着天空想入非非。这样的状态，孩子怎么能够学好知识呢？

对于孩子来说，合理作息尤其重要。休息好，孩子才能有足够的精力去学习，提高学习效率。因此，合理安排孩子的作息时间，会让孩子觉得学习是一件快乐的事。如果家长整天让孩子学习，不给孩子放松、休息、娱乐的时间，孩子自然就会对学习产生厌倦的态度，从而学而无效。

任何一个孩子，他们的各种习惯都是从小养成的。科学合理的作息制度可以使孩子养成好习惯，对孩子的生活和学习都是有利的。因此，家长应与孩子坐下来，共同制订一个合理的学习时间表，让孩子自己遵照执行，家长要做的，无非是给予孩子提醒。一般来说，孩子是根据自己的喜好订立时间表的，而且在时间安排上又比较灵活、宽松，所以他会比较主动地执行时间表，遇到管不住自己的时候，即使家长提醒，也不会逆反，做起功课来效果也就好得多。

给制订的作息时间表一定要考虑孩子的个性特点和实际情况，最好是让孩子自己参与制订。下面的例子应该能给我们的父母一些有益的启示：

乔治的妈妈原本替乔治订下了一个她认为是十全十美的作息时间表：早晨6点起床；中午放学回家，吃完午饭后，做1小时功课，然后上学；下午回家，先补1小时历史，再看妈妈替他预录的卡通节目，然后有半小时的自由活动时间；晚饭后可以休息一会儿或到附近公园散步；之后，回家再温习功课，然后上床睡觉。

乔治妈妈满以为有了这样的作息时间表，对乔治的帮助肯定很大，谁知实行了没有几天，她便发现乔治的功课愈做愈慢，有时候还打瞌睡；有时在乔治的功课还未完成时，他的好同学布迪便打电话来问他看了某个电视节目没有；每天晚上的散步也似乎令乔治有些疲惫，他根本不能在晚上集中精力学习。

明智的乔治妈妈及时发现时间表确实有问题，于是果敢地做出改动，午饭后让乔治有1小时午睡时间，下午看了儿童节目才开始做功课，晚上的散步时间也视孩子的需要而增多或减少。时间表变得更具弹性，乔治的学习兴趣也比从前增加了。

家长在为孩子制订时间表时，要注意长、短计划相结合。长期计划是在一个较长的时间内应达到的目标，长期计划的第一步，是要注重孩子内在的思想和感情，而不只是关心他们表露在外的不满和反抗。短期计划虽然也是每天的具体作息表，却也应当注重"模糊概念"。比如不要具体规定几点几分起床、睡觉，几点几分吃饭、看电视、做作业，而应当是在几点之前休息，几点至几点起床，作业必须在看电视之前完成，看电视在多少分钟之内等。

总之，制订一个有弹性的、适合孩子性格特点的时间表，才会有助于孩子养成有规律的学习和生活习惯。

值得注意的是，在孩子高质量高效率地提前完成学习任务时，家长千万不可以再追加作业，这样会造成孩子的反感，从而对学习感到厌烦。正确的做法是表扬孩子的高质量学习，并奖励孩子一定的时间来休息和娱乐。

当然，家长在培养孩子良好的作息习惯时，也应对自己提出遵守时间的要求：说好6点起床，绝不赖床到7点；说好晚9点睡觉，不要因为有好看的电视节目而拖延时间。同时，家长在工作、生活、行为等方面都要尽量做遵守时间的榜样，办事不拖拖拉拉，还可以帮助孩子把重要的事情用图画、做标记的形式记在日历上。

在引导孩子养成遵时守时的好习惯时，家长和孩子不妨做个决定，相互监督。不管是谁，如果没有做到遵守作息制度，就应该有一点小惩罚。如果孩子遵守了作息制度，就应该给予小奖励。当然，不管是奖励还是惩罚，都应该及时兑现。孩子只有掌握一定的作息规律，才能够变得勤快而有效率起来。

## 马虎的孩子做事没效率

作为父母，你是否因为孩子的粗心大意而生气？粗心大意得不到改善，很容易导致时间被浪费。

小熊美美想当一名医生，但是它以前常常粗心大意，不知道这次是否可以改掉这个坏毛病？

小熊美美上任第一天，熊先生前来看病。

"熊先生，你怎么了？"

"我感冒了，麻烦你给我开些感冒药。"

"好！"

小熊美美看了看药品柜台，治感冒、头痛药的包装都差不多，它看都没看，就随手将头痛药递给了熊先生。

"谢谢。"熊先生拿着药走了。

过了一会儿，狐狸妹妹来了。

"怎么了，狐狸妹妹？"

"我牙痛，帮我开些牙痛药。"

结果，小熊美美却将感冒药塞到了狐狸妹妹的手中。

一天之后，小熊美美一大早就看到熊先生和狐狸妹妹跑过来，小熊美美还以为熊先生和狐狸妹妹的病好了，过来感谢自己呢，结果经过它俩一说，小熊美美脸红了，说："对不起，熊先生、狐狸妹妹，是我不好，不该做事过于粗心，如果我不粗心，也不会耽误你们真对不起，下回我肯定注意，改掉这个坏毛病。"


是不是你的孩子跟小熊美美一样，每一次粗心大意犯错后，总是说"下回我一定注意，改掉这坏毛病"。可是下回还是重蹈覆辙。妈妈也常常会对孩子产生失望的情绪，觉得没有办法了，孩子性格本来就如此，改也难改了，真是一个"不折不扣的马大哈"。但是妈妈一定要清楚，马虎不是一时的毛病，是孩子一辈子的毛病，染上了粗心大意这病，不治的话，将祸害终生。而治疗只是给孩子开几个药方，这个不行，再用那个试试，总会把这坏毛病治好的。

说起德国我们并不陌生，或许你不会不知道爱因斯坦是谁，不会不知道康德、黑格尔、马克思、叔本华、尼采、巴赫、海顿、莫扎特、瓦格纳、贝多芬是谁，不会不知道保时捷、奥迪、大众、宝马、奔驰是什么。这些家喻户晓的名人、品牌都来自德国，一个占地面积只有 36 万平方公里的国家，经济实力却一度跃居世界前三。很多人都会问为什么德国人这么优秀呢？

答案仅仅是很简单的四个字，"认真、执着"。江南春曾经说过："世界上最可怕的两个词，一个叫认真，一个叫执着，认真的人改变自己，执着的人改变命运。"德国人将世界上最可怕的两个词都做到了，怎么会不优秀呢？

妈妈不妨跟孩子讲一个故事：

1984 年，国内的一家柴油机厂聘请德国退休企业家格里希任厂长。

格里希上任后开的首个会议，市有关部门领导都参与其中。没有任何客套，格里希就直奔主题："如果说质量是产品的生命，那么，清洁度则为气缸的质量和寿命的关键。"说着，他当着有关领导的面，从摆放在会议桌上的气缸中抓出大把铁砂，面色铁青地说："这个气缸是我在开会前到生产车间随机抽检的样品。大家看一下，我都从它里面抓出什么了？在我们德国，气缸内的杂质不可高于 50 毫克，但是我现在了解到的数据是，贵厂生产的气缸平均杂质竟然在

5 000 毫克左右。试想，可以随手抓出一把铁砂的气缸，怎么能确保杂质不超标？我觉得这肯定不是工艺技术方面的问题，而是生产者与管理者的责任心问题，是工作非常不认真的结果。"一番话，就将坐在会议室里的有关管理人员说得非常尴尬。

认真是一种力量，它大能促进国家的强盛，小能让人无往而不利。告诉孩子，一旦认真二字深入骨髓，融化到自己的血液之中，你也能焕发出一种令人害怕的力量。

那么，妈妈怎么做才能帮助孩子摘下"马大哈"的帽子呢？

**1. 运用目标的力量**

给孩子设定一个目标，让孩子在一定的时间内，专注做好一件事，集中精力去完成一个目标。目标完成后，孩子就能感觉到，只要认真去做事，肯定可以走向成功。

**2. 培养孩子对认真的兴趣**

可以通过孩子感兴趣的训练科目、训练方式、训练手段去培养孩子。比如，玩在规定时间内"找不同"的游戏，或是陪同孩子玩"连连看"的小游戏。经过几次实验之后，孩子就能品尝到认真带给自己的快乐，进而对认真产生兴趣。

**3. 培养孩子认真起来的自信心**

只要有了认真的自信心，孩子就会很认真，而这种自信需要孩子看到认真换来的成果才得以建立。因此，为孩子制订些小目标，让孩子认真完成，如此即可帮助孩子建立起信心。

### 4. 让孩子学会排除外界干扰

只要孩子学会排除外界干扰，不管外界环境怎么喧闹、嘈杂，都可以进入认真学习的状态。可以让孩子尝试着边听轻音乐边读书，如此一来，孩子即可静下心来看书，自然可以排除外界干扰。

### 5. 让孩子学会排除内心干扰

在很安静的环境下，孩子很容易分心，这主要源于孩子内心的干扰。因此，要排除内心干扰，可尝试让孩子在心情糟糕时大声朗读，让孩子逐渐走到书里，如此即可逐渐变得专注。

世界上最可怕的两个字就是"认真"，或许你都不知给孩子解释过多少遍了，做事不认真，往往会使人一事无成。或许也会有人说其实世界上最可怕的两个字是"马虎"，因为马虎的人，即便见了"认真"将军也会不认识，更不会摘下"马大哈"的帽子。其实也有不怕认真的人，为什么他们不会怕呢？因为他们早就跟"认真"定了"娃娃亲"，所以不妨让"认真"和孩子"指腹为婚"。

# 第五章
# 分清主次：教会孩子"事有轻重缓急"的思维

很多孩子之所以做事较慢，或出现拖延情况，是因为他们无法分清事情的轻重缓急。多数孩子都是想到什么事就做什么事，很少会提前规划。父母想帮助孩子养成珍惜时间的好习惯，就要引导孩子对事情做出准确的区分，进而进行详细的规划与安排。

## 教给孩子正确的学习方法

金敏敏学习非常刻苦，她在课堂上认真听课、课后认真完成作业自不必多说。据和她同宿舍的女生说，她几乎不会放过任何看书的时间，包括吃饭、走路、上厕所等，甚至说梦话也在记单词……

然而，就是这么一个学习认真的孩子，学习成绩却很一般，以至于很多同学私下里嘲讽她说："就是一个机器人，脑袋也是程序化的，不灵活。"

像金敏敏这样的问题在许多孩子身上都或多或少存在着。面对这样的孩子，许多家长非常为难，不知道怎么办才好。孩子已经很用功了，再抱怨孩子于心不忍。

其实，在现实生活中，那些学习成绩最好的学生往往不是那些学习最用功的学生，而是那些摸索出了一套科学、正确的学习方法，学习效率高的学生。正如法国数学家笛卡尔所说的："没有正确的方法，即使有眼睛的博学者也会像盲人一样盲目摸索。"因此，要想孩子取得学习上的成功，家长除了对他们提供一些必要的物质保证、精神和智力上的支持外，最重要的是帮助他们建立一套科学、正确的学习方法。对于孩子来说，掌握适合自身实际的、有效的学习方法，对他们学习的成功和未来的成才，都有着极其深远的意义。

### 1. 科学的学习方法需要指导与训练

绝大多数孩子没有接受过专门的、系统的学习方法的指导与训练，对什么是科学的学习方法缺乏明确的认识，在学习中也不能自觉地加以运用。即使有的孩子掌握了一些有效的学习方法，也大都是走了很多弯路之后形成的，并且是零散的。科学的、系统的学习方法很难在学习中自然而然地形成，应该接受专门的指导与训练。因此，有条件的家长应该对孩子进行学习方法的指导。

### 2. 让孩子养成课后复习和课前预习的习惯

作为家长应注意孩子对新旧知识的掌握情况，有计划有目的地指导孩子复习，并做好复习检查工作，培养孩子良好的复习习惯，使知识系统化、连贯化。孩子有了一定的自学能力后，即可指导孩子对即将学习的课程进行预习，这样教师讲课时，孩子就能有的放矢地突破重点、难点，有利于新知识的接受。

### 3. 让孩子学会抓重点和难点

学习方法不当的孩子，在看书和听课时，不善于找重点和难点，找不到学习上的突破口，眉毛胡子一把抓，全面出击，结果分散和浪费了时间与精力。而懂得抓重点、难点，效果显然就比较好。

### 4. 要求孩子花时间分析自己的学习内容的条理和意义，形成稳定的知识结构

知识结构是知识体系在学生头脑中的内化反映，也就是指知识经过学生输入、加工、储存，而在头脑中形成的有序的组织状态。孩子能形成相应的知识结构，学习起来就比较轻松。

### 5. 让孩子学会科学利用时间

时间对每个人都是公平的，有的孩子能在有限的时间内，把自己的学习、生活安排得从容、稳妥。而有的孩子虽然忙忙碌碌，经常加班加点，但忙不到点上，实际效果不佳。所以，学会科学巧妙地利用时间很重要。

### 6. 让孩子学会科学用脑，保障充足的睡眠

根据科学机构的研究，人长期睡眠不足，就会造成脑供氧缺乏，损伤脑细胞，使脑功能下降。中学生要保证每天 9 小时的睡眠时间，小学生要保证每天 10 小时的睡眠时间。孩子如果睡眠不足，抵抗力会下降，学习成绩会受到很大影响。因此，家长需要保证孩子有充足的睡眠时间。此外，还应该让孩子学会劳逸结合，转移大脑兴奋中心，这样才能让学习有效而且心情愉快！

### 7. 让孩子从实践中学习

孩子在实践中获得的知识更能牢记在心，为应付考试而死记硬背的知识，很快就会忘得一干二净。因为临时抱佛脚得来的知识，只是一种感性的知识，会暂时留在记忆中，随着时间的推移，会呈现一种先快后慢直至最终遗失的规律，而只有经过理性思考所得来的知识才有可能保持得更长久。

### 8. 让孩子在玩耍、娱乐中学习

据心理学家研究发现，在孩子心理发展的过程中，游戏是一个不可或缺的重要内容。孩子的语言能力、归纳概括能力、抽象思维能力等，在游戏中能够得到迅速提高。许多孩子虽然认字和算术能力不错，但由于缺乏充分的游戏训练，他们的自然常识和社会常识

都比较少，从而缩小了他们的智力活动范围，他们的灵活性和自理能力都不会强，这些缺点在他们上学后就体现得更加明显。因此，家长要根据孩子的心理发育规律，因势利导，因材施教，让孩子在游戏中愉快地学习，孩子的学习效率也就能自然而然地得到提高。

正确的学习方法是孩子通往学习成功的"金桥"。每个家长如果都能在具体方法上有效地帮助孩子，而不只是一昧简单地督促孩子"勤奋学习"，相信孩子一定能取得优异的成绩。

## 分出事情的轻重缓急

周一早上，妈妈送 8 岁的黄丽去上学，这天学校要升国旗，所有的少先队员都要佩戴红领巾。黄丽前段时间才成为少先队员，终于得到了梦寐已久的红领巾。

要进校门时，黄丽突然问："妈妈，我的红领巾你拿了吗？""红领巾？我没有看到啊，你检查一下书包里有没有。"

黄丽走到角落里，将书包内的所有东西都翻出来检查，里面只有课本、文具盒、零食和水杯，没有红领巾。

妈妈说："没有红领巾也不要紧吧，你可以告诉老师，红领巾丢了。"

"不行！我要找回红领巾，这件事对我来说十分重要，需要立即处理。"黄丽两手叉着腰表明了态度。

"那你想怎么办呢？现在已经 7：30 了，距离升旗仪式只有半个小时了。"妈妈看了看手表，表示时间很紧迫。

"我们可以回家再找找！反正我们家离学校也不远。"黄丽说完就往家里跑。

妈妈只好陪黄丽一起回家找。到家后，黄丽找了所有可能放红领巾的地方，仍然一无所获。

"我该怎么办呢？"黄丽急得团团转，眼泪都掉下来了，"没有佩戴红领巾就参加升旗仪式，是不符合章程的。"

"别着急，你仔细回忆一下，昨天你最后一次看见红领巾是在哪里？"妈妈提醒黄丽。"昨天我都折好放在书包里了，难道红领巾会飞吗？"黄丽又重新把书包翻了个遍。

"实在找不到，我们可以去文具店买一条替代吧？"妈妈提议道。"不行！"黄丽摇摇头说，"那是学校发给我的，是国旗的一角，代表着荣誉，跟我们在外面买的不一样。""现在已经7：50了，8点钟就升旗了，我们走回学校的时间都不够了。"妈妈再次提醒黄丽时间紧迫。

就在黄丽一筹莫展的时候，爸爸刚好下夜班回家。黄丽眼睛一亮，立刻问道："爸爸，你有没有看见我的红领巾？""哦，红领巾呀，我昨天放到书房的抽屉里了。"黄丽赶忙跑到书房，红领巾果然躺在书房的抽屉里。

黄丽把红领巾取了出来，迅速佩戴在胸前，然后说："妈妈，我们走是来不及了，得跑步回学校。"等黄丽跑到学校时，刚好赶上升旗仪式。看着五星红旗在学校操场上缓缓升起，黄丽心中充满了自豪。

在上面的案例中，黄丽周一上学时发现红领巾不见了。"找回红领巾”这件事对黄丽来说既重要又紧急，需要立即处理，于是她立刻上跑回家找，最终找回了红领巾，按时参加了升旗仪式。

当孩子遇到既重要又紧急的事情时，要善用时间，马上处理，如果自己处理不了，可以向父母寻求帮助。

那么，父母要怎么引导孩子处理既重要又紧急的事情呢？可以从以下几方面着手：

### 1. 情况出现后，第一时间帮孩子分析重要性

孩子对突发情况通常欠缺处理经验，不能很快分析出事情的重要性，在犹豫的时候就浪费了时间，错过了处理事情的最佳时机，之后想补救也来不及。所以家长应该在第一时间就帮孩子分析其重要性，指导孩子对事情进行处理。然后找到问题出现的原因，想办法解决。孩子遇到了重要又紧急的事情，通常会比较着急、慌乱，只顾着担心后果，无法冷静下来思考。重要又紧急的事情出现，一定存在原因。父母要引导孩子找到问题出现的主要原因，想办法解决问题。

### 2. 引导孩子对多件事情进行合理的排序

孩子遇到了重要且紧急的事情，需要立即处理；对于重要但不紧急的事情，告诉孩子要坚持每天做；告诉孩子遇到不重要但紧急的事情，最好请别人来帮自己做，自己不必亲力亲为；告诉孩子遇到不紧急且不重要的事情，可以适当延后，在时间不充裕的情况下可以不做。

## 教孩子学会列出清单

大人每天有必须要完成的事情，孩子也不例外，所以，从小就应该培养孩子今日事今日毕的习惯。可是很多孩子每天却无法完成当日的事情，想要解决这样的问题，最简单的办法就是帮助孩子学会列清单。其实就是把每天必须要完成的事情一件件地列出来，并且给事情安排一个合理的时间期限，这样就能够保证每天完成这些事情了。

父母要一步步教孩子列清单，如果仅仅是问孩子："你今天要完成什么事情呢？"这样的问题对于孩子来说太宽泛了，孩子脑海中不会明白哪些事情是自己必须要做的。所以，父母在教孩子学会列清单之前，一定要让孩子先把今天想要做的事情一件件地写出来，这些事情可以是很小的事情，只要孩子想到什么，就让孩子写什么。对于孩子列出来的事情，我们先不要做过多的评价，千万不要说"这叫什么事情""孩子你写的什么破事"，这些话语都会对孩子的自尊心造成一定的伤害。

其实在孩子的心中，写出来的事情都是孩子喜欢做的，想要去做的。如果父母的话语不当，就会导致孩子对这件事情的厌恶，会影响孩子做事情的兴趣，到最后，孩子只能不敢去做，做事情磨磨叽叽，本来这件事情能给孩子带来快乐，现在反而成为一种痛苦。

总而言之，我们一定要让孩子觉得列出事情是他感兴趣的，一定要记住，在列清单这件事上，孩子才是主角。

　　下一步，我们就需要帮助孩子判断哪些事情是孩子当天必须完成的。第一步，孩子已经把所有的事情都列出来了，但是我们知道，这些事情不可能都写在清单上，虽然有的事情是孩子喜欢做的，但是不代表是当天必须要完成的。还有一些关于生活习惯的事情，其实也是没必要列在清单上的。还有一些事情虽然是必须做的，但是并不一定要今天完成。所以，我们可以告诉孩子，这些事情是可以先剔除出去的，剩下的事情就是当天必须要完成的事情了。

　　举例来说，当天需要完成的作业，当天要看什么书等，这些是当天必须做的事情，我们可以帮助孩子一起来看看，老师给布置了哪些作业，家长布置了哪些练习，这些事情都必须明确地列在清单上。把这些事情标注清楚之后，我们就可以帮助孩子再整理一个当天必做的清单。

　　接下来就是监督孩子严格按照清单执行了。当我们把清单列出来之后，并不代表孩子的任务已经完成了，这其实仅仅是清单任务正式开始的标志。我们必须监督孩子一步步按照清单上列的事情去做，而且一项项是有顺序的，不能不按照顺序。当然了，所有的事情都不是绝对的，我们在一步步按照清单做事情的时候，还需要遵照轻重缓急来完成。每天完成这些事情之后，都要帮助孩子进去行总结，看看清单完成的情况。我们可以把这些清单贴在家里最显眼的地方，这样能够让孩子每天都遵守了。当孩子在按部就班地完成清单上的事情时，我们可以给孩子准备好笔，每完成一件事情，就划去一件事情，之后再接着做另一件事情。

　　当今天过去之后，我们要和孩子一起来看看清单的完成情况。

如果发现有的事情没有做完，那就意味着我们今天给孩子的安排不是特别合理。如果这件事情非常紧急，那么就需要我们提醒孩子抓紧去完成。如果发现事情还有缓和的余地，那么我们就可以放到第二天去完成。但是，即使这样做，也不代表孩子的事情就算完成了。我们需要和孩子一起，总结经验教训，看看到底是什么原因才导致了某些事情没有办法完成。如果我们发现是时间安排的问题，那么我们就需要在明天的清单中进行改进，这样就可以一步步提高孩的办事能力和办事效率。我们一定要帮助孩子一步步地整理好所办事情的顺序，这样才可以把事情做得更好。

当然，我们在帮助孩子列清单的时候可能也会出现一些情况。比如孩子列出来的事情并不一定符合必做清单的需求。因为孩子列出来的事情，往往是他喜欢做的，可是他喜欢做的事情，并不一定是必须做的事情。举个简单的例子，孩子可能会把去游乐场玩当成是一件必做的事情，很明显，这只是孩子希望去做的一件事情，但是并不是非要在今天完成的。还比如说，在完成家庭作业这件事情上，这件事情肯定是今天必须要完成的，可是孩子因为不愿意做这件事情，往往会采取漠视的态度。于是我们会发现，清单上出现的往往是孩子喜欢做的事情，而很少会出现孩子不喜欢做的事情，对于这样的情况，我们可以从两个方面去解决。

第一方面，我们一定要知道孩子对哪些事情是心存侥幸的，孩子既然已经把自己希望做的事情写出来了，是不是孩子已经很久没有去做这件事了。我们作为家长，可以换个角度来说，是不是我们已经忽略孩子很长时间了。正因为这样，孩子才对这件事心怀渴望，以至于影响到了一些本来该做的时候。对于孩子这样的心理，我们一定要重视，在帮助孩子建立时间观念的事情，我们一定要观察孩子，千万不能忽视孩子的需求，更不能直接去训斥他。当我们把孩子的希望浇灭后，孩子也会和我们对着干。

　　第二方面，是我们需要特别去注意的，就是我们作为家长，一定要让孩子意识到自己到底需要做什么事情。我们显然不能让孩子随意安排他自己一天的活动，不然孩子会列出自己希望做的事情的清单，那么这一天真正需要完成的事情，必须完成的事情都会抛之脑后，最后的结果就是很多事情都没有办法完成。

　　因此，我们从这两方面综合来考虑，一定要尊重孩子的希望，但是也要教孩子分清楚轻重缓急。当然，教孩子区分希望做的事情和必须要做的事情，不能一蹴而就，要让孩子逐步学习并掌握这一技能。如果我们操之过急，那么到头来只会让孩子产生抵触情绪，或者直接把孩子本来应该完成的事情交给我们处理。

　　所以，我们一定要让孩子明白哪些事情是自己必须要做的。其实我们可以这样来做：首先一定要认同孩子的感情，理解孩子所关心的事情。因为我们要知道，孩子仅仅是小学生，天生就对好玩的事情感兴趣，也希望自己能够接触到更多好玩的事情，这些本来就是孩子的特点，我们千万不要去责怪孩子为什么总是爱玩。

　　作为家长，我们必须要认同孩子的情感，理解孩子内心的想法。当然，我们也要好好提醒孩子注意，生活并不都是好玩的事情，很多我们不希望做的事情也需要去做好。所以要让孩子学会敢于面对，而不能够仅仅是凭借自己的喜好来做事情。

当然，我们还必须要让孩子理解自己希望做的事情和必须要做的事情是有区别的。但是我们不能简单地告诉孩子这两种事情是不同的，我们还必须要给孩子讲清楚这两种事情之间的区别。希望做的事情往往是孩子感兴趣的事情，可能孩子非常爱玩，也可能孩子会觉得很刺激，这些事情往往会满足孩子的好奇心，所以孩子也总是非常期待。而必须做的事情相对而言就是比较严肃的事情了，有些事情甚至是比较紧急的事情，这些事情要求孩子必须在规定的时间内完成。因为这样，通常会给孩子带来一种压力、一种压迫感，所有孩子也就不会喜欢，甚至会逃避。但是在我们来看，两种事情往往是交叉在一起的，以上这些原因都会让孩子选择逃避一些必须做的事情。

作为家长，我们必须要提醒孩子，那些必须去做的事情往往具有紧迫性和压迫感，孩子往往会选择逃避，可是如果不去做这些紧急的事情，那么可能会出现一些比较严重的后果。比如最直接的严重后果可能就是作业没有完成。如果作业没有完成，那么第二天肯定会被老师批评，不仅影响孩子的学习，也影响老师对孩子的印象。所以，哪怕是不喜欢的事情，只要是必须完成的，那么也是绝对不能不去做的。对于孩子所喜欢和希望做的事情，往往不是那么紧急的事情，今天没办法做，明天也可以做。我们不如让孩子心中多一些期待，等完成了必须做的事情，再去做也不迟。

作为家长，我们要经常检查和提醒孩子，并且检查孩子所列的事情。由于孩子对事情的完成往往具有不确定性，特别是刚开始实施清单的时候，我们一定要检查孩子的清单，对于不合理的地方及时指正，但是一定要注意语言，尽力委婉一些。如果发现清单有遗漏的事项，那么就需要提醒孩子补上，以免影响后续的完成。

## 给清单上的事排个序

当我们把事情都列在了清单上，并且保证这些都是必须要做的事情，那么孩子就能够把这些事情都按时完成了吗？对于这个问题，我们真的没有办法给出一个肯定的答案。因为对孩子而言，在做事情的时候，通常会一股脑地做，根本不去考虑哪些事情是重要的、紧急的，哪些事情是不重要的、不紧急的。很多时候，孩子的选择往往是错误的，会把不重要的事情当成重要的事情，会把不紧急的事情当成紧急的事情。结果到了最后，发现时间根本不够用。这个时候，孩子的心里更加着急，甚至会担心因为没有完成这些事情而被父母批评。其实孩子内心也是非常委屈的，孩子已经明明按要求做清单上的事情了，可是怎么就没办法做完呢。难道是孩子自己太笨了吗？其实，孩子这样的想法是没任何问题的，之所以会出现这种情况，就是孩子没有办法分清楚轻重缓急。

因此，想让孩子把自己该做的事情、必须要完成的事情做好，我们必须要帮助孩子分清楚事情的轻重缓急，一定要根据事情的紧急程度来把所要完成的事情进行一个排序，这样就可以在有限的时间里面，把应该做的事情都完成了。

我们要帮助孩子确定好事情完成的时间。可能对有的孩子而言，他们会觉得这个确定完成时间是没有任何意义的，因为不管什么时候，总是要完成这些事情的。其实不是这样的。事情的完成时间对于孩子而言，有利于他安排自己做事情的先后顺序。举个例子，如果孩子被要求在今天中午 12 点之前完成一部分事情，那么他就必须把所完成的事情挑出来进行优先处理，而不能够放到下午再去处理。如果出现了立马就需要有结果的事情，那么孩子就必须先处理这件事情，哪怕这件事情是特别复杂和困难的。换句话说，在有限的时间内，孩子需要完成的事情是很多的，每件事情都有各自需要完成的时间，因此，孩子一定要清楚地知道每件事情需要完成的时间，之后再进行合理的安排。

作为家长，我们要帮助孩子对事情进行一个轻重缓急的区分。我们可以把需要完成的事情按照重要和紧急的程度分成以下四类：重要且紧急的事情、重要但不紧急的事情、不重要但紧急的事情、既不重要也不紧急的事情。按照这样的分法，孩子做事情的顺序也就出来了，先做"重要且紧急的事情"，紧接着做"不重要但紧急的事情"，之后是"重要但不紧急"的事情，最后是"既不重要也不紧急的事情"。

接着，我们就可以和孩子一起把需要做的事情放在一块进行筛选了。我们按照事情的重要性和完成的时间，把需要做的事情分别放在这四类当中，之后就可以行动了。我们在确定好顺序之后，要先和孩子进行沟通。虽然我们已经帮助孩子把事情分成了四大类，但是孩子的想法不一定和家长是一致的。有的时候，我们觉得这些事情是紧急且重要的，但是孩子可能觉得这个事情并不重要，也没有那么紧急。对此，我们不要用强硬的态度，可以听听孩子的想法，让孩子说说为什么他觉得这件事情不重要也不紧急。当我们真正了解了孩子的想法之后，再去判断是不是正确的。如果是正确的想法，我们不妨按照孩子的想法对事情进行调整；如果孩子的想法是错误的，那么我们就可以帮助孩子进行及时纠正，并且告诉孩子原因，这样孩子就会觉得我们是尊重他的。

另外，我们也可以在生活中培养孩子的判断力，让孩子自己去感受什么是他现在最应该做的事情，让孩子具有分清轻重缓急的能力，这样才能够提高孩子的办事效率。还有一点，我们除了要让孩子做一些必须做的事情之外，也要让孩子适当做一些自己感兴趣的事情。所以，我们可以把这些事情穿插在必须做的事情中，这样就可以让孩子觉得不那么枯燥了，也可适当的休息。

## 培养孩子事事思考的好习惯

这一节的内容主要是针对当孩子有了良好的做事情的顺序之后，出现时间不够用的情况。其原因是很简单的，就是孩子往往把时间浪费在了一件事情上，这样就会导致后面的事情只能往后拖延。特别是有一些事情还需要孩子反复去做。结果就导致了一些重要且紧急的事情已经没有办法去做了，孩子只能选择放弃或者是很恐惧地等待批评。

孩子出现这样的问题，原因就是孩子没有缜密的思考能力。通常而言，在做事情的时候，我们都会对要做的事情进行一下规划，比如第一步做什么，第二步做什么。遇到了困难应该如何解决，有什么备选方案。正是因为在我们心中有了规划，所以做事情就不会那么慌张和仓促了。

但是孩子做事情却不是这样的。大部分的孩子做事情就是凭借自己的热情，脑袋一热就开始做了，根本没有考虑做事情的步骤，遇到问题该如何解决。结果导致孩子做事情缺乏条理性，胡乱去做，盲目地追求结果，这样不但会浪费时间，而且也做不好事情。

所以，我们一定要重视孩子这方面能力的培养。我们要让孩子在做事情之前想好做事情的步骤，这样就可以保证孩子按照先后顺序一步步地完成，再也不会出现做事情一团乱麻的情况了。

我们还应该在孩子做事情之前，提醒孩子不要着急，等一等，想一想。很多孩子是这样的，一说要完成什么事情，就立马行动起来，结果很快就把事情做完了。可是，孩子往往把事情想的太简单了，直接上手就做事情。刚开始的时候可能是比较顺利的，可是越往后越会觉得难度越大，甚至会出现没有办法解决的问题。这个时候，孩子很容易放弃，如此一来，不仅浪费时间不说，还耽误了大事。

对孩子而言，做事情其实没有必要如此着急，我们一定要提醒孩子做事情之前"等一等"，给孩子一点点时间，让孩子好好考虑一下做事情需要哪些步骤，每一步应该如何去做，每一个步骤之间应该如何连接。让孩子先在自己的头脑当中对所要做的事情有一个预判，把做事情可能遇到的各种问题都考虑到，并且提前想好对策，这样即使再遇到问题，孩子也可以顺利处理。有的孩子总是担心这样会浪费做事情的时间，能不能一边做，一边思考，其实我们不建议这样。因为对孩子而言，他们还不具备比较强的思维能力，一边做事情一边思考往往会造成孩子分心，所以，我们还是应该提醒孩子在做事情之前先要想好步骤，再一步步去做。

我们应该培养孩子自己思考做事的能力。因为事情是孩子要亲自去做的，需要怎么做，都是孩子自己要考虑的事情。作为家长，我们千万不要过分关心孩子，更不能够什么都替孩子想好，在做事情之前，要让孩子自己去思考，千万不要什么事情都给孩子安排好。对小学生而言，他们遇到的事情并没有多么复杂，所以，我们要让孩子知道，做事情之前不要着急，一步步地想好。当然，如果遇到比较困难的事情，我们可以和孩子一起想办法，但是不能把每一步都给孩子想好了，一定要给孩子足够的思考时间和空间。因为做事情的时间是孩子自己的，要让孩子知道自己应该怎么做，这样就能够提高办事效率了。

孩子自己思考出来的事情，是更愿意去完成的。有的时候，我们家长替孩子想出来的完成步骤，反而会让孩子觉得是在被迫完成家长的命令，大部分孩子因此会出现逆反心理。因此，我们还必须教会孩子学会随机应变，要让孩子先按照自己的设想去完成。这样的做法是没什么问题的，但是在做事情的过程中，可能会突然出现更好的想法，这一想法可能会提高办事效率，提升办事质量。那么我们也应该鼓励孩子，让孩子在不影响大体做事情步骤的前提下，能够有更好的解决办法。

## 引导孩子学会利用碎片化时间

"爸爸，爸爸，"只见孩子走到爸爸的身边，非常好奇地问道，"妈妈每天要做那么多的事情，收拾家里，还要工作，还要照顾我们，妈妈真的好忙，可是您看妈妈现在居然也有时间和咱们一起看电视，我觉得妈妈太厉害了。"爸爸笑了笑说："妈妈厉害吧，因为妈妈会使用时间啊。""使用时间？"孩子更加好奇了。"是呀，妈妈会把很多零碎的时间都利用起来，你也可以像妈妈一样，把零碎的时间都利用起来，这样你也会有新的收获啊！"孩子听完非常高兴和好奇。其实对孩子而言，很多时候那些零碎的时间都被浪费掉了。这些浪费掉的时间和孩子真正做事情的时间相差无几，由此可见，孩子对时间的利用还是比较差的。

对已经上小学的孩子而言，他们的生活已经慢慢变得比较规律了，每天也都会有相对固定的作息时间，所以，我们应该开始培养孩子应用零碎时间的能力了。我们不能眼看着这些宝贵的时间被浪费掉。我们可以让孩子把这些零碎的时间都利用起来，这样不仅可以做更多的事情，也可以让孩子的生活变得更加充实。

但是，想要把零碎的时间很好地利用起来并不是一件容易的事情。可能我们做家长的都很难做好，比如，我们有的时候也会睡懒觉，也会拿着手机玩很久，等等。我们想要让孩子学会利用零碎的时间，那么必须审视好自己，看看自己是不是已经很好地利用了零碎时间。

如果我们自己都做得不好，那么怎么去给孩子树立榜样呢？只有我们自己做好了，对孩子而言才更有说服力，孩子也更愿意听从我们的建议。

所以，各位家长准备好了吗？如果你们已经想好了，那么我们就可以好好看一下下面的这些建议。

首先是要帮助孩子学会发现生活中的零碎时间。孩子可能刚刚对时间有了概念，所以孩子会注意那些大块的时间和完整的时间，对于零碎的时间通常是观察不到的，也正因如此，才导致了零碎的时间白白被浪费。所以，我们必须帮助孩子发现生活中的零碎时间。比如在早上洗漱、上厕所的时间，可能对孩子而言这段时间什么都做不了，其实不然，因为在这段时间，孩子的大脑是没有思考的，完全可以培养孩子的一种习惯，让孩子的大脑活跃起来，利用好早上这段宝贵的零碎时间。

又比如在上学和放学的路上。我们家长最关心的往往是孩子的安全问题，但是这也不代表孩子在这段时间不能做其他的。对每天上学放学都由我们来接送的孩子而言，这段时间是更加安全的，更有利于让孩子把这段时间利用起来。其中，类似这样的零碎时间是很多的，比如洗澡的时候，睡觉前、早上起床的时候，等等。如果孩子能够很好地利用这些大量的零碎时间，那么孩子一定会有很大的收获。

我们要告诉孩子在零碎的时间里都可以做哪些事情，但是对大部分孩子而言，他们喜欢大块的时间，因为那样做事情会觉得时间充裕，也可以有更多的时间去做自己喜欢的事情。

零碎的时间往往就那么几分钟，即使长一些，可能也就十几分钟，在这样短暂的时间里，孩子能够做什么呢？如果孩子有这样的疑问，说明他还没有很好地把握好时间。其实在这样短暂的时间里，孩子是可以做很多事情的。比如，可以读一读名人名言、背一背古诗、英语单词、数学公式等等，这样就可以在无形中比其他孩子多了一些的学习时间。对已经学会利用零碎时间的孩子而言，我们还可以制订一个合理的计划，比如早上在上厕所的时候我们可以干什么，在上学的路上可以干什么，在睡觉前可以干什么，等等。

那么对于一些穿插的零碎时间孩子可以做什么呢？其实可以做的事情也是很多的。比如可以看一些自己喜欢的课外书，还可以看看一些网络视频课。对于零碎时间，要让孩子有一种顺其自然的心态，没有必要自己去刻意创造。因为我们要知道，零碎时间是在生活中自然产生的。如果一个人本来生活很紧凑，自然就没有太多的零碎时间。在实际中，我们会遇到这样的孩子，他们会刻意创造零碎时间，比如本来应该学习一个小时，可是他学习了45分钟就结束了，用剩下的15分钟去做其他事情，这样是坚决不行的。

在规定好的时间内，孩子应该把事情都完成，千万不要刻意地不去完成。如果有零碎的时间，那么我们就教会孩子如何去利用。如果在孩子的生活中没有太多的零碎时间，那么也不要紧，让孩子按部就班地做事情就好。其实我们要让孩子有这样一种观念，零碎时间是对于其他时间的一种锦上添花。我们可以利用零碎的时间做更多的事情，而不能因为有了零碎的时间，影响做事情的正常效率。

# 第六章
## 制订计划：有计划的孩子更能合理利用时间

时间对每个人都非常公平，不会多一分也不会少一分。因此，每个人都想成为时间的主人，拓宽生命的宽度，就只能通过珍惜时间、合理利用时间来实现。要想将每分每秒都利用好，就要提前制订计划，才能在计划指引下合理利用时间。

## 给孩子订一个学习计划表

古人说："凡事预则立,不预则废。"做事有计划对于一个人来说,不仅是一种做事的习惯,一种做事态度,也是其能否取得成就的重要因素。对于孩子来说,做事有计划同样是非常重要的。因为它可以帮助孩子有条不紊地处理学习和生活中的事情,而不至于手忙脚乱、无从下手。做事没有条理的人,无法很好地料理自己的生活,也无法很好地进行学习。因此,家长要帮助孩子制订一个切实可行的学习计划,以计划指导孩子的学习。

### 1. 制定计划的好处

（1）使学习目标明确,实现目标也有保证

学习计划就是规定在什么时候采取什么方法步骤达到什么学习目标。短时间内达到一个小目标,长时间达到一个大目标。在长短计划指导下,使学习一步步地由小目标走向大目标。

（2）对培养良好的学习习惯大有帮助

良好习惯养成以后,就能自然而然地按照一定的秩序去学习。有了计划,也有利于锻炼克服困难、不怕失败的精神,无论碰到什么困难挫折也要坚持完成计划,达到规定的学习目标。

（3）能帮助孩子把学习管理好

制订学习计划,能帮助孩子恰当安排各项学习任务,使学习有秩序地进行。有了计划，孩子就可以把自己的学习管理好。

（4）能帮助孩子提高计划观念和计划能力

制订切实可行的计划，可帮助孩子成为能够有条理地安排学习、生活、工作的人。这种计划观念和计划能力，每个孩子都应该学习和具备，这对他们的一生都大有裨益。

那么，家长应如何督促孩子制订学习计划呢？

一般来说，学习计划都是以一个学期为阶段的，内容包括本学期的目标、任务、措施、时间上的安排和精力上的分配。在制订计划的时候，不能指望把每一个细节和不可控因素都考虑在内。在计划的执行过程中，如果发现存在问题，要及时调整，在必要的时候还要进行大幅度的修改。要让孩子时刻记住一点：学习计划不是教条，它应该以适合具体的学习情况和自身实际为前提。

## 2. 学习计划应包括的内容

（1）引导孩子进行自我分析

让孩子分析自己的学习特点，家长可以仔细回顾一下孩子的学习情况，帮助他们找出学习特点。各人的学习特点不一样：有的记忆力强，学过知识不易忘记；有的理解力好，老师说一遍就能听懂；有的动作快但经常出错；有的动作慢却很仔细。如在数学学习中有的理解力强于解答善应用题；有的善于进行口算，算得比较快；有的记忆力好，公式定义记得比较牢；有的想象力丰富，善于在图形变换中找出规律，所以几何学得比较好……只有全面地分析，孩子才能更好地了解自己。

引导孩子分析自己的学习现状，可以让孩子进行自我比较，包括：和全班同学比，确看自己成绩在班级中的位置，通常用"好、较好、中、较差、差"来评价；和自己的过去情况比，看它的发展趋势，通常用"进步大、有进步、照常、有退步、退步大"来评价。

（2）确定学习目标

学习目标是学生学习的努力方向，正确的学习目标能催人奋进，从而产生为实现这一目标去奋斗的力量。没有学习目标，就像漫步在街头不知走向何处的流浪汉一样，是对学习时光的极大浪费。

确定学习目标首先应体现学生德智体全面发展的教育方针，其次要按照学校的教育要求，此外还要根据自己的学习特点和现状。当然还可考虑一些社会因素、家庭情况。学习目标要具有适当、明确、具体的特点。

①适当

就是指目标不能定得过高或过低。过高，最终无法实现，容易丧失信心，使计划成为一纸空文；过低，无须努力就能达到，不利于进步。要根据自己的实际情况提出经过努力能够达到的目标.

②明确

就是指学习目标要便于对照和检查。如："今后要努力学习，争取更大进步"这一目标就不明确，怎样努力呢？哪些方面要有进步？如果定为，"数学课语文课都要认真预习。数学成绩要在班级达到中上水平"，这样说就明确了，以后是否达到就可以检查了。

③具体

就是目标要便于实现，如怎样才能达到"数学中上水平"这一目标呢？可以具体化为：每天做 10 道计算题，5 道应用题，每个数学公式都要准确无疑地背出来等。

（3）科学安排时间

确定了学习目标之后，就要通过科学的安排来达到这些目标，时间安排要符合"全面、合理、高效"的要求。

①全面

在安排时间时，既要考虑学习，也要考虑休息和娱乐；既要考虑课内学习，还要考虑课外学习和不同学科的时间搭配。

②合理

要找出每天学习的最佳时间，如有的人早晨头脑清醒，最适合记忆和思考；有的则晚上学习效果更好，要在最佳时间里完成较重要的学习任务。此外注意文理交叉安排，如复习一会儿语文，再做几道算术题，然后再复习自然常识、外语等。

③高效

要根据事情的轻重缓急来安排时间，一般来说，把重要的或困难的学习任务放在前面来完成，因为这时候精力充沛，思维活跃，而把比较容易的放稍后去做。此外，较小的任务可以用零星时间去完成，以充分做到见缝插针。

（4）注意效果，及时调整

每个学习计划执行到一个阶段，就应该检查一下效果。如果效果不好，就需要查找原因，进行必要的调整。

### 3. 制订学习计划应避免的问题

（1）不要强行加入自己的想法和希望

家长对计划提出建议是必要的，但却往往以成人的标准来要求孩子，而忽略了孩子本身的意愿，在无形中给孩子造成压力，使其产生逆反心理，结果得不偿失。

（2）学习计划的内容不要安排得太紧

文武之道，一张一弛，没有好的休息就不可能有好的学习效率。如果家长把孩子学习计划的内容安排得太紧，会让孩子喘不过气来，甚至产生厌烦感。

（3）刚开始时不要责难他

如果孩子刚开始就失败，且无法获得家长的理解，那他可能就再也提不起学习的兴趣了。如此一来，孩子更难做到注意力集中。

## 让孩子确立学习的目标

潜能开发大师博恩·崔西曾说过："成功等于目标，其他都是这句话的注释。"对于任何一个人来说，做事情有计划、有目标，必然事半功倍。反之，就必定如无头的苍蝇一样毫无头绪，也找不到做事情的动力。

在 20 世纪 80 年代，有个日本的马拉松选手，其貌不扬，他代表日本参加 1984 年的东京国际马拉松比赛，很多观众都不看好他。但是就是这个其貌不扬，而且不为人所熟悉的人夺得了当年的马拉松冠军，他就是后来闻名世界的日本选手山田本一。

有一个记者问他："你觉得你能够夺冠的秘密是什么？"生性腼腆的山田本一说出了他夺冠的秘密："没有什么秘密。比赛前，我会仔细研究比赛的路线，然后亲自在路线上走一遍，把路线经过的每一个标志性的建筑都记下来，这样，我就可以给自己的比赛做几个小的目标。比如，路线经过一家银行，我就可以用百米的速度，先跑到这家银行，然后，再用普通的速度跑到第二个目标……这样，我一个目标一个目标地跑下去，按照目标跑到终点，不会感觉终点遥远，并一步一步走向成功。"

其实，学习也像比赛一样，需要有一定的目标。没有目标，孩子在学习的过程中就会像航船没有灯塔指引一样，很容易迷失方向。相反，如果他们有了明确的学习目标，就很容易获得较好的成绩。一般来说，那些学习成绩好的孩子，其学习的计划性都很强，学习的目标也很明确，正因为有目标、懂计划，所以，他们比那些缺乏目标的孩子容易获得成功。

作为家长，要想孩子取得较好的成绩，保持较好的学习状态，就应该引导孩子制订可行的学习计划、确定某一个奋斗目标，并让孩子养成良好的习惯。让孩子学会制订计划，明确目标，孩子学习起来才会更有方法，才会带着目的去学习，学习起来才会更有动力，效率才会更高。而且，每当孩子实现一个目标后，也会增加他自身的成就感。培养孩子的目标习惯，家长可从以下几个方面入手：

### 1. 教孩子如何给自己订计划、目标

有一位聪明的妈妈，发现孩子在学习弹琴的时候总是没有计划，刚弹一会儿琴，就去看动画片了。

有一天，妈妈对孩子说："你每天得弹半小时的钢琴，刚回家的时候弹也行，吃完晚饭弹也行。但是，弹的时候你不能半途而废，一定要弹足半小时。"孩子考虑了一下，因为晚饭前有一个他喜欢看的动画片要播放，于是他选择了吃完晚饭再弹。结果，他确定自己的计划后，居然一直执行得非常好。

过了一些时间，妈妈告诉他："你计划每天练习半个小时的钢琴这件事情做得很好，但是我不知道你打算用几天的时间把一首曲子弹得熟练呢？"

孩子想了想，很有把握地说："照我目前练习的情况来说，我觉得一周练习一首曲子，而且把曲子弹好是没有问题的。"

妈妈听了，欣慰地笑了。


事实上，这孩子有了这样的目标与计划以后，学习与弹琴这两件事情都做得非常好。因为他懂得制订计划、确定目标的好处了！

### 2. 让孩子养成把计划和目标写在纸上的习惯

美国著名的商业大学哈佛大学，在1979年对应届毕业生做了一个调查报告。在调查中，他们询问在应届毕业生中有多少人有明确

的人生目标，结果只有3%的人有明确的人生目标并且写在了日记本上。他们把这些人列为第一组；另外有13%的人在脑子里有人生目标但没有写在纸上，他们把这些人列为第二组；其余84%的人都没有明确的人生目标，他们的想法是完成毕业典礼后先去度假放松一下，这些人被列为第三组。

10年后，哈佛大学又把当初的毕业生全部召回来做了一次新的调查，结果发现第二组的人，即那些有人生目标但没有写在纸上的毕业生，他们每个人的年收入平均是那些没有人生目标毕业生的两倍。而第一组的人，即那些3%把明确人生目标写在日记本上的人，他们的年收入是第二组和第三组人的收入相加后的十倍。也就是说，如果那97%的人加起来一年挣一千万美元，那么这3%的人加起来的年收入是一个亿。

这个调查很清楚地表明，确定明确人生目标并写在纸上的重要性。白纸黑字，具有巨大的开发潜能的力量。如果你不把目标写下来，并且每天温习的话，它们很容易被你遗忘，它们就不是真的目标，它们只是愿望而已。实践证明，写下自己目标的人比没有写下目标的人更容易成功。要制订一个详细达到目标的计划，如果没有一个切实可行的计划，你的目标只能是空中楼阁、海市蜃楼。

**3. 教孩子按计划办事，实现自己预定的目标**

在日常生活中，父母要向孩子强调计划的重要性，并给孩子的各项行为制订一些计划。当然，这些计划的制订应该让孩子参与进来，与父母一起来制订计划。

当计划制订了以后，孩子必须按计划办事，不能半途而废。对年幼的孩子来讲，父母应该要求他们在玩的时候自己把玩具拿出来，玩完以后自己收好；看书做作业的时候要认真，写完以后才能去玩；做事还应该有责任心，自己把握做事的进度。

一位小学生做事非常磨蹭，本来没有多少作业，却非要拖到很晚，熬得妈妈又气又急。

有一次，妈妈想了一个办法。她跟儿子约定，做作业的时间只有半小时。然后，妈妈把闹钟上好，同时，儿子开始做作业。半小时一到，闹钟就响起来，儿子还差两道题没做完。儿子向妈妈投来求助的眼神，但是，妈妈毫不犹豫地说："时间到了，你不要做了，睡觉吧。"

第二天，妈妈把儿子没做完作业的原因告诉了老师，老师很支持妈妈的方法。这天晚上，妈妈又上好了闹钟，儿子一开始做作业就很抓紧时间，效率明显提高，居然顺利地在半小时内做完了作业。

从这以后，儿子做作业的速度和质量都提高了。而且，做其他事情的时候，他都会有意识地给自己设定一个时限，并有计划地去做。

### 4. 告诉孩子在奋斗中要不断瞄准新的目标

家长是不是有过这样的经验：带孩子登山时，我们总会指着前面某一处说："加把劲爬到那里歇一会儿。"孩子一听此话就跃跃欲试，往往话音未落他们就勇往直前，直冲向目标。这就是目标的动力。学习同样需要有目标。

在孩子学习的过程中，在孩子每一次写作业、考试、比赛之前，家长都可以按照孩子的实际水平，给孩子制订一个可行的目标。这样，不但能提高孩子的学习效率，给孩子一定的学习动力，还能让孩子在学习的过程中体验到成功的快感！

除此之外，家长在帮助孩子养成制订目标的习惯时还应该注意以下几点：

第一，尊重孩子的意见，目标是帮助孩子提高他自己的，不是硬要求孩子做什么，要给孩子提出自己的想法和意见的空间，因为目标最终要靠孩子自己去实现，切忌把大人的想法强加给孩子。

第二，制订目标要符合孩子自己的条件，目标不可太低，也不要太高，太低激不起孩子斗志，太高孩子完成不了，影响自信心。

第三，在给孩子制订大的目标后，也要让孩子学会把大目标分解成许多个小目标，这样更利于孩子实现目标，鼓励孩子在分阶段实现小目标的过程中完成大目标。

第四，制订了目标，就要坚持去实现。对孩子来说，坚持实现目标的恒心要比制订标困难得多，所以，家长要多鼓励孩子，把目标制订下来，就要坚持下去，放弃目标意味着失去执着。

第五，制订目标也要富有一定的弹性，任何一成不变的学习目标和计划都是不科学的，再好的计划也会被淘汰。随着孩子年龄的增长，孩子的学习和生活情况也在发生着很大的变化，所以，制订的目标也要适时调整，使目标始终保持在合理的状态，这样也便于孩子更有信心去实现目标。

第六，制订了学习目标，也要给孩子留出休息娱乐的时间，目标项目太多，就会使孩子的发展单一化，所以，每天一定要给孩子留出玩耍的时间，让孩子有一片舒展的天空。

第七，家长还应该做到不要随意给孩子增加负担，比如孩子按照家长的要求在规定的时间内完成了作业，可家长不但没有因此鼓励孩子，还让孩子多做几道题才去玩。这样做的结果，只会让孩子觉得自己努力了反而会有更多的作业等着我，与其这样，不如边学边玩。

总之，孩子只有从小熟知目标的好处，养成确立目标不达目标誓不罢休的好习惯，才能在人生的道路上突破一个又一个障碍，获取成功。

## 制订一个短期计划

什么是短期计划，顾名思义就是短时间内需要完成的计划。相对于中期和长期计划而言，短期计划更加符合实际的情况，可执行性也更强。对孩子而言，由于孩子自身的心理发展特点，孩子的注意力时间是很短的，所以，短期计划更加适合孩子。孩子在短期计划的指导下，更愿意全身心地投入，这样就可以更加集中精力去做事情。对孩子而言，短期计划也需要我们帮助孩子一起制订，这样才能够帮助孩子更懂得珍惜时间，更好地提高办事效率。

其实，很多孩子对短期计划还没有很重要的认识，总觉得短期计划是不重要的。特别是对那些比较简单的事情，当我们让孩子去制订计划的时候，他们会觉得没有必要，持一种不屑的态度，觉得这么简单的事情还制订什么计划，直接去做就可以了。那么当你的孩子也有这样的观点，你应该如何引导孩子更积极地制订短期计划呢？

作为家长，我们一定要改变孩子的观念，让孩子了解制订短期计划的好处。比如，制订短期计划可以让事情有条不紊的进行，避免意外情况的发生。哪怕出现了意外情况，计划被打乱了，我们也可以按照事先制订的预案进行处理，没有必要慌张。其实，根本上来说，短期计划就是一种预案。因为短期计划不仅制订了完成事情需要的步骤，也对于出现的意外情况有了解决的方案。最为重要的是，我们要让孩子切实感受到短期计划的好处，这样孩子才愿意去制订。

当然，需要我们注意的是，在制订短期计划的时候，必须要有效率，保证在最短的时间内就可以完成。如果我们制订短期计划的时间比真正做事情的时间还要长，那就是本末倒置了。我们在帮助孩子制订短期计划的时候，一定要深入浅出，用最简单的语言来教孩子，这样孩子才更容易理解。其实，我们会发现，很多事情的计划都是相似的，我们在引导孩子制订短期计划的时候，也可以让孩子掌握更多的计划，这样就可以让孩子更容易制订计划，也会让孩子爱上制订短期计划。

除此之外，短期计划还有一个很大的好处，就是当孩子在制订了一天的计划之后，那么他就能够约束自己在这一时间内去做应该做的事情，避免拖延。有很多家长对于孩子的拖延问题真的是头疼不已，不妨试一试短期计划，让孩子在一天之内完成应该做的事情，这样孩子也就会意识到自己不能拖延，不然就会耽误要完成的事情。特别是当我们再给孩子安排休息和娱乐事情的时候，孩子也会更加积极。可能在刚开始的时候，孩子做的不会特别好，但是我们要有信心，随着时间的不断推移，孩子一定会做得越来越好。

短期计划，可以是一周的计划，也可以是一天的计划，甚至是半天的计划。总而言之，短时间内的计划都是短期计划。对孩子而言，一旦养成了制订短期计划的好习惯，孩子可能仅需要花费几分钟就能制订一个半天计划，需要花费一个小时制订一周的计划，前期看是花费了一些时间，但是后续一定会给孩子节省出更多的时间。

在教孩子制订短期计划的时候，需要注意以下几方面的问题：

第一，孩子往往都是粗心的，孩子考虑事情不够周到的时候，我们一定要给孩子把关，提醒孩子哪些方面应该如何去完善。特别需要注意的是，我们不能完全替代孩子，不然的话，孩子就会养成依赖性，下一次再制订计划的时候还是会粗心。作为聪明的家长，我们要懂得给孩子犯错误的机会，再帮助孩子改正，这样孩子才会更加细心，才能不断地提升和完善自己。

第二，当孩子制订完计划之后，我们要和孩子一起检查计划是否可行。一个计划从有想法到最终完成，不仅需要孩子认真和细心，还需要我们和孩子一起审查计划。特别是刚开始制订计划的孩子，很多时候考虑是不够全面的，自然计划也不够合理。在这样的情况下，我们要当好监督员的角色，帮助孩子发现制订计划中不合理的问题，和孩子一起来重新完善计划。虽然重新完善计划会耽误一些时间，但是这是让孩子学会制订计划必须经历的过程，也是我们见证孩子一步步成长的过程。

第三，我们要明白，制订计划只是第一步，计划的目的是高效的做事。如果没有办法完成这个计划，那么这个计划也是失败的。为了能够让计划顺利完成，我们不仅要帮助孩子制订计划，也要帮助孩子更好地去执行计划。可能有的父母会觉得，孩子还小，没必要那么严格地要求孩子，适当放松计划的内容也可以。这样的话，千万不要让孩子制订，因为这样会影响孩子价值观的树立。既然是制订好的计划，就要努力去执行和完成，千万不能随意更改，不然计划对孩子就失去了约束力。

总而言之，短期计划一旦制订了，我们就必须严格地去执行。在执行过程中如果发现确实有不合理的地方，是可以及时进行更正的，让计划变得更加合理。但是我们不能随意地修改计划，严格地按照计划执行这才是培养孩子的好习惯。如果孩子能够养成这样的好习惯，那么孩子就会珍惜时间，更加懂得利用时间。

## 制订一个中长期计划

其实，中长期计划是相对于短期计划而言的。我们要知道，孩子的成长过程是漫长的，短期的计划只能够指导孩子短时间内的行为，而对于孩子的成长和长期的发展，则需要通过中长期的计划来帮助。

比如，孩子除了需要制订每天的学习计划之外，还要制定寒假和暑假这样的中长期计划。很多家长都觉得，寒假和暑假的时间那么久，孩子一定可以顺利完成寒假和暑假作业。其实这样的想法是完成错误的。对于比较短的时间，孩子往往是会抓紧时间完成作业的，可是当时间一旦变长了，孩子就会不由自主地开始拖延。因为孩子总觉得今天完不成没有关系，明天还有时间，于是，就这样一天拖一天，最后发现自己已经没有办法完成了。

孩子虽然是以学习为主，但是需要完成的事情绝对不光是作业，孩子的日常生活也需要我们做精心的安排。在制订中长期计划的时候，我们可以让孩子先了解这一段时间内的重心是什么。这样孩子就能够更好地利用好时间，也会把时间安排得更加合理。在学习上，孩子虽然只需要按照学校和老师的要求进行学习，但是为了拓宽自己的眼界，全方面地发展，现在的孩子需要学习的知识越来越多，所以也需要制订好一个中长期计划。而且孩子每一个学期的课程安排和学习重点都是不一样的，这些都需要孩子在制订中长期计划的时候有所考虑。

其实，除了寒暑假之外，我们还可以教孩子把中长期计划的制订扩展到生活当中。比如对于孩子的梦想和理想，很多家长都会觉得孩子现在还小，很多梦想和理想都是一时兴趣。实际上，很多远大的理想和人生目标都是从小开始建立的，我们需要帮助孩子树立一个正确的远大的人生目标，这样才能够让孩子找准自己前进的方向，并牢牢记住自己的目标。

我们在引导孩子树立正确的人生目标和理想的时候，一定要学会尊重。千万不要因为孩子的梦想和理想不现实而嘲笑孩子。孩子还小，幼小的心灵是需要我们去呵护的，我们要让孩子知道，人生充满了不确定性和无限的可能性。只要孩子有正确的人生目标，那么就要好好努力，让自己离目标越来越近。在这一过程中，我们要不断地鼓励孩子，帮助孩子，这样才能够让孩子表现得更加优秀。

马上就要开学了，小明现在已经是一名初中生了。刚刚步入初中生活的小明，总觉得是一团乱麻，很多事情都处理不好。因为初中生活和小学生活是完全不同的，而且所学的知识跨度也是比较大的，再加上学习节奏的加快，等等，这些都让小明感到很苦恼，他根本不知道该怎么办了。对于这一切，小明的妈妈都看在了眼里，她告诉小明："孩子，不要着急，你还记得小学期间我教你制订的短期学习计划吗？你现在可以把时间放宽一些，给自己制订一个中长期的学习计划，比如整个学期或者是一个学年的。"小明听完妈妈的话，觉得非常有道理，于是按照妈妈的话开始制订中长期计划。

这是小明第一次制订中长期计划，还是觉得有一些困难的。在小明制订完计划之后，妈妈和小明一起研究计划是不是合理，当然，妈妈也给小明提了一些合理的建议。就这样，在妈妈的帮助下，小明很快就修改好了计划。有了计划的帮助，小明的初中生活开始变得更加有秩序了，学习效率也大大提高。

其实，对于孩子而言，在遇到学习和生活混乱的状态时，制订计划是一种最好的方法，不仅可以帮助孩子理清楚思路，还能够让孩子有更大的办事空间。

但是需要我们注意的是，在制订中长期计划的时候，由于跨度时间比较长，特别是制订孩子的人生计划，一定要具有前瞻性，当然也必须考虑好事情的变化，能够预留出更多的空间。除此之外，短期计划时间是比较短的，事情也更加具体。而中长期计划时间长，事情就不能够太具体了。所以在制订中长期计划的时候，往往需要配合制订一些短期计划。一般情况是，长期计划下面是中期计划，中期计划下面是短期计划，而短期计划下面，则是做具体事情时预先设定的步骤。只有这样一级一级地制订计划，孩子做起事情来才能够更加具有条理性，办事的效率才会更高。

## 用行动确保执行计划

计划制订得再好，如果不能从纸面上落实到行动上，也是纸上谈兵，对于孩子的成长和发展也没有任何好处。对于孩子而言，最重要的不是制订多么完美和周密的计划，而是能够真正执行计划。

孩子处于不同的年龄阶段，身心发展的特点都是不同的。小学阶段低年级的孩子注意力容易分散，很难长时间集中注意力，尤其是小孩子的贪玩心还比较重，也活泼好动。所以他们往往不喜欢受到纪律的约束，而愿意顺应天性，自由自在地玩耍。对于他们而言，制订计划，然后按照计划去做事情，简直就是煎熬。因而在小孩子制订计划的时候，父母要注意以短期计划为主，而且要尽量缩短计划涵盖的时间，并有意识地降低执行计划的难度。在这个阶段，最重要的就是帮助孩子养成制订计划和执行计划的好习惯，这样孩子在渐渐长大之后，才更愿意制订中长期计划，并主动地执行计划。

大多数孩子在成长阶段都面临着一个矛盾，那就是他们天性喜欢玩耍，而生活又要求他们必须好好学习，努力提升自己。孩子也许因为觉得好玩、有趣，或者一时热情，就冲动地制订了计划，而过后又会感到懊悔。在这种情况下，父母要承担起监督者的角色，督促孩子认真地执行计划。

很多父母都羡慕别人家的孩子有毅力，有决心，却从未想过别人家的孩子是如何养成这样的好习惯的。如果父母因为一时心软，就纵容孩子不愿意执行计划的行为，那么孩子在未来对计划的执行力就会大大降低。反之，哪怕孩子只是从执行最简单的计划开始做起，只要养成了执行计划的好习惯，孩子渐渐地就会拥有坚忍不拔的毅力，也会更有担当，更加勇敢顽强。所谓坚持就是胜利，不仅适用于成人，对孩子而言也是重要的。

人的本性都是趋利避害的，孩子当然不愿意约束自己，执行计划。正如上文所说，对于年纪小注意力集中时间短的孩子，父母可以先引导他们制订简单的短期计划，然后降低执行计划的难度，从而让孩子顺利实现计划。随着孩子渐渐成长，再给孩子增加计划的难度，这对于培养孩子执行计划的好习惯很有好处。

其次，如果计划覆盖的时间过长，孩子就会在执行计划的过程中感到疲惫，因为他们只有在计划结束后才能看到成果，而在计划执行结束之前，每天都在进行枯燥乏味的重复，孩子的确很难坚持。就像跑马拉松一样，很多人跑马拉松之所以失败，是因为在跑的过程中看不到终点，这会让他们感到身心疲惫。

对于原本就缺乏自制力的孩子，父母在引导孩子制订计划的时候，也应该想到这个问题，从而在执行计划的过程中给孩子设定一些小小的激励，帮助孩子始终保持昂扬的斗志。

最后，不管孩子的计划执行得如何，父母都要以鼓励和表扬为主，而不要批评、抱怨、催促孩子，更不要在孩子执行计划的过程中唠叨孩子。对于孩子而言，专注也是很重要的，如果父母因为唠叨扰乱了孩子的心，孩子还如何能够专心致志做好每一件事情呢？孩子也是有自尊心的，他们渴望得到父母的认可和赞许，也希望在父母的鼓励下有更好的表现。尤其是在孩子小的时候，他们对父母的态度更加看重，甚至会把父母对他们的评价直接转化为自我评价。

很多父母常常说孩子不知道父母多么爱他们，其实父母同样不知道孩子多么信任和依赖他们。父母要让孩子的每一份付出都得到肯定，也要让孩子对自己树立信心。在爱与肯定中成长的孩子，与在否定与批评的环境中成长的孩子是截然不同的。唯有在积极向上的家庭教育中成长，孩子才能扬起风帆，收获充实上进的人生。

## 自我反思验证执行情况

在短期计划中，因为覆盖的时间短，孩子很快就能看到执行计划的成果，所以能够及时得到鼓励，获得持续的动力。在中长期计划中，尤其是在长期计划中，正如前文所说的，孩子不能及时得到执行计划的结果和反馈，又因为本身就不能长久地集中注意力，专注地做某件事情，所以他们很容易感到疲惫，也会因为注意力不集中而导致后续乏力。这样不但会影响孩子执行计划的收获，也不利于培养孩子顽强坚韧的性格品质。除了在制订计划的过程中，有意识地让孩子有阶段性的收获之外，还要怎么做才有助于帮助孩子持续执行和推进计划呢？

前文说过，中长期计划覆盖的时间是比较长的，那么父母还可以引导孩子"回顾计划"，从而帮助孩子认识到在坚持执行计划的过程中，他们真正收获了什么，又获得了怎样的阶段性胜利。回顾计划还有助于及时调整计划，让孩子从已经执行的计划中有所收获，也感受到不足，还可以让孩子根据前面的计划落实情况，有的放矢地调整后期的计划，让后期计划更加贴合实际，更加趋于完善，也对现实的生活和学习起到积极的指导作用。从本质上而言，回顾计划的过程恰恰是反思的过程，对于计划的顺利推进影响很大。当孩子知道自己在执行计划的过程中哪里做得还不错，哪里做得不够好，就可以有的放矢地改正自己。

在执行计划的过程中，孩子多变的情绪也给严格执行计划带来很大的阻力。例如，当某一天情绪不好的时候，孩子也许什么都不想做，因而就放任自己，把当天计划需要完成的事情全部都转移到第二天完成。殊不知，第二天还有第二天的任务，当天的任务一旦拖延到第二天，就会导致孩子不堪重负。如此拖延下去，事情在积累到一定程度时，整个计划就会宣告泡汤。对于执行计划而言，这无疑是很不利的。在督促孩子执行计划的过程中，父母一定要尽量避免这种情况的发生，这样才能帮助孩子养成执行计划的好习惯，也让孩子在长期执行计划的过程中受益匪浅。

这个暑假，妈妈让小强自己制订假期作业计划。小强制订计划的时候忘记了休息日，妈妈还提醒小强可以每周休息一天。小强把作业一直安排到开学前的最后一天，妈妈也告诉小强假期也可能会有临时的出行安排，并提醒小强可以把完成作业的计划提前十天到二十天，这样才有灵活机动的假期可以临时调整占用。小强觉得妈妈说的非常有道理，因而按照妈妈的建议修改了计划。

　　然而，假期才开始第一天，小强就遇到了阻力。原来，舅舅全家人来做客，小强和许久未见的表妹玩得不亦乐乎，根本想不起来有作业要写。妈妈提醒小强好几次要完成计划的作业，小强却说："妈妈，我想和妹妹玩，妹妹好不容易才来咱家一次呢！"妈妈很清楚，这是计划的第一天，不能形成坏习惯。为此，妈妈给妹妹找了一些玩具玩，就让小强进入书房写作业。小强一心惦记着和妹妹玩，写作业的效率比平时高出很多，原计划需要两个小时完成的作业，他一个半小时就写完了。妈妈这才放下心来，如果小强第一天就坏了规矩，只怕后来还会因为各种各样的事情拖延计划呢！转眼之间，暑假过去二十天了，小强每天都在写作业，不能全心全意地玩，不由得感到疲惫。

　　妈妈看到小强出现泄气的苗头，赶紧引导小强对计划执行情况进行回顾，并且表扬了他。妈妈对小强说："小强，妈妈必须奖励你一个礼物啊，因为计划的前半段你执行得很好。由此可见，你是一个有决心有毅力的孩子。接下来，让我们看看在这二十天里收获了什么，好不好？"小强得到妈妈的鼓励，感到非常高兴，也兴致勃勃地和妈妈开始总结前面的收获。真是不看不知道，一看吓一跳，小强这才发现自己已经完成了大部分作业，不由得自豪感顿生。小强问妈妈："妈妈，这么说来，再坚持二十天，我就可以完成所有作业了。那么，我的暑假还剩下二十天，是不是就可以全都用来玩了？"妈妈点点头，说："如果你觉得现在每天完成作业很轻松，可以调整现在的计划，余下的做作业用十天就写完，那么你还可以拥有一个月的轻松假期呢！"小强对妈妈的提议很感兴趣，但是想了想之后还是放弃了。他觉得自己现在这样每天既可以写作业还可以玩，也是很好的。此后，小强再执行计划的时候就更加积极了，妈妈看在眼里，感到非常欣慰。

在这个事例中，妈妈引导小强回顾，主要是为了让小强看到坚持执行计划的收获。否则，小强渐渐感到疲惫，接下来执行计划会很难。除了学习上的中期计划之外，孩子也会有长期计划。例如，孩子喜欢跳舞，坚持要学习舞蹈，那么妈妈就可以引导孩子制订长期计划，因为跳舞要有至少十年的坚持，才会有所成就。再如，孩子喜欢画画，也可以学习画画，这项兴趣同样是需要长期坚持的。为了给孩子鼓励，父母可以把孩子每个学习阶段有代表性的作品都收藏起来，等到孩子有进步之后拿给他看，让孩子意识到自己的进步，从而激励他继续坚持下去。

当然，在回顾计划的时候，得到的未必都是收获，也有可能是问题。面对前期执行计划时暴露出来的问题，父母可以引导孩子进行反思和解决。当然，当孩子渐渐成长，可以独立制订计划、执行计划之后，父母也无须对孩子盯得太紧，而要把更大的空间交给孩子去发挥和施展。总而言之，孩子的成长不是一朝一夕的事。父母要对孩子有足够的耐心和信心，也要相信孩子终究会一天一天长大。

## 做事之前先做好准备

春去秋来，枫叶红透了天。锦鲤在河里自由地游来游去。正在上幼儿园大班的丽华背着书包和爸爸一起回家，她边走边捡起地上美丽的枫叶。

"爸爸，你看，这片枫叶多美，那边还有大柿子，黄澄澄的呢。"丽华边说边指向远处的天空。"是啊，真漂亮，到处都是一片红、黄美景！"爸爸情不自禁地赞叹道。

"爸爸，学校下个月要举办标本制作大赛，规定我们要自己制作秋季标本，回家你就陪我一起做吧！"丽华激动地说道。

"这件事虽然重要，但并不十分紧急。"爸爸分析起来，"而且采集标本也是一件耗时间的事，所以我们要先想好做什么样的标本，都需要收集哪些材料。"

"那好吧！那我们现在就回家制订标本采集计划，我要列一个清单，把标本进行分类。"丽华显得有些着急。

丽华写下了标本收集清单，包括昆虫标本、叶子标本，周末便开始着手收集，每天放学之后，丽华也会着手收集。很快，标本的材料就收集好了。在爸爸的陪同下，丽华制作了一本非常齐全的秋季标本。

在上面这个案例中，丽华提前列出标本收集清单，为后续标本的收集和制作打下了基础。最后，丽华制作出了满意的标本。

日常生活中，父母该怎么引导孩子处理重要而不紧急的事情呢？可以从以下几方面入手：

### 1. 做好准备与规划，确保有备无患

告诉孩子重要而不紧急的事情，就是一些需要早做准备、提前规划，需要长期做才能完成的事情，例如单元测试、校运会活动等。这些并非火烧眉毛的事，但是不做好准备就很可能无法取得理想的结果。

### 2. 每天安排时间坚持做下去

对于重要而不紧急的事情，孩子要每天安排固定的时间来做，只有坚持下去，才能养成良好的做事习惯，最终实现质变。

### 3. 提醒孩子不要拖延

重要而不紧急的事情如果拖得太久，将会变得越来越紧急，所以一定要早做准备、早做规划，每天都安排做一点，就不会到最后关头措手不及。例如，孩子下周五之前要完成一只泥塑小马，父母可以利用周末的时间采购材料。在周一至周四，每天抽空陪孩子做一点。可以在周一做整体，周二做局部，周三做毛发，周四上色，慢慢完善，到了周五就能交出好作品。父母不能临时抱佛脚，在周四晚上才急急忙忙陪孩子做出一个"四不像"的作品来。

## 给孩子规定任务和期限

叶航的妈妈是北京理工大学毕业的高才生，爸爸也是个出色的工程师，可是，这一对名校出来的高才生对自己孩子的教育却毫无办法。因为，叶航实在太不争气了。他的学习成绩在班里倒数第一，每次去开家长会，叶航的妈妈都觉得自己的脸全被孩子丢尽了，而叶航的爸爸则索性以工作忙为理由，从不去参加家长会。

最后，叶航的妈妈只好求教于心理老师。心理老师分别与叶航的妈妈和叶航进行了交流。在交谈的过程中，心理老师发现，问题不全在叶航一个人身上。

由于"望子成龙"心切，叶妈妈从小叶航上一年级开始，就放弃了自己的夜生活，扮演起了"警察"角色，她每天晚上都待在叶航身边"站岗"，督促叶航学习。不管孩子学习到几点，妈妈都不叫苦，不叫累。妈妈以为，叶航只要懂事一点，就能体谅自己的苦心。可惜的是，事实并非如此。

叶航特烦妈妈监督自己写作业。他觉得妈妈不信任自己，更重要的是，每次叶航提前完成了作业后，妈妈就会额外再增加他的作业量，为此，叶航觉得自己的学习没有尽头。每天晚上，不管作业是多还是少，他都会磨磨蹭蹭到10点以后才把作业做完。

　　看完这个故事，相信不少家长会恍然大悟：哦，原来是这样的！因为，像叶航这种做法，在我们现实生活当中太常见了。很多家长因为担心孩子"吃不好""吃不饱"，总是有意无意地扮演起了"警察"的角色，轻则窥探孩子，看他是否专心学习；重则索性就待在孩子身边"站岗"，一心一意监督孩子。为了自己的孩子不落后于其他人，很多家长经常会在孩子完成作业之后，再给孩子"加量"。

　　其实，家长的这种做法是非常不明智的。一方面，它会使孩子产生依赖心理，家长一不在身边，孩子就不做作业；另一方面，它增加了孩子的负担，使孩子不堪学业重负，从而对学习产生了厌烦、逃避的心理。

　　相信不少家长都有过这样的经验，如果单位领导要求你在3天内完成某项工作，这时你就会集中精力，全力以赴，提高工作效率。相反，如果领导说这项工作什么时候做出来都行，你可能很难集中精力来做这件事，工作效率也不会高。同样，孩子学习时间或内容也应该有个明确的规定，这样，他就会把全部注意力集中起来，倾注在规定的期限之内，从而提高学习效率。有些家长不知道这个道理，只是一味地要求孩子坐到小桌子旁，只要孩子坐在那里，他们就以为孩子在学习，就感到心满意足了。有的家长则只是一味地督促孩子看书，至于看什么，看到什么时候则没有明确要求，可怜的孩子不知道何时才能结束，他会感到特别累，易生疲倦，自然不容易集中注意力。

因此，要想孩子学习效率高，且能做到注意力集中，家长在督促孩子学习的时候，一定要明确告诉孩子这次的学习任务是什么，应该在什么时间内完成。当孩子明确了自己的学习任务与期限以后，就会产生一定的紧迫感，从而做到集中注意力，提高学习效率。

当然，如果孩子完成了规定的任务，家长就应该让他休息，或者让他做些别的事，千万不要再重新给孩子布置作业。因为那样，孩子就会觉得爸爸妈妈说话不算话，就不会再信任家长了，以后再给他任务，他就不听了，有的甚至会故意拖延时间，或者心不在焉地学习。到那时，再想让孩子集中注意力来学习就很难了。

除此以外，家长还应该给孩子玩的时间。许多家长认为孩子由于作业做得太慢而没有了玩的时间，因此就不断地催促孩子、埋怨孩子，甚至惩罚孩子做更多的作业。其实，孩子是因为父母把自己的时间安排得满满的，完全没有自己支配的时间，才会不珍惜时间，才会拖拖拉拉的。在这种没有希望、没完没了的学习过程中，孩子的心态是消极的，没有目标、没有兴趣，往往心烦意乱、错误百出，时间又拖得很长，结果造成了恶性循环。

给孩子一定的自由支配时间，让孩子去做自己想做的事，注重培养孩子的学习兴趣和主动性。比如，有的家长要求孩子每天放松一小时。在这一小时内，孩子可以玩、听音乐、休息等，不管干什么，家长都不去干涉，等孩子情绪比较稳定和愉快，有了学习的兴趣和主动性时，就会比较愿意开始较长时间的艰苦学习，学习效果也会更加理想。

# 第七章
## 鼓励教育：用话语激励孩子的行动力

　　父母是孩子的启蒙老师，在帮助孩子形成时间观念、养成珍惜时间习惯的过程中，父母要习惯于用积极鼓励的话与孩子沟通。即使孩子做得不好，也不要用反话激怒孩子，更不要总是对孩子挑剔苛责。

## "动作蛮快的"是对孩子最好的鼓励

作为基本的礼仪礼貌教育的一环，我们会教孩子对他人说"谢谢"，尤其是在他获得了他人的帮助时，他应说一句"谢谢"来及时表达自己的感激之情。可是，这似乎只是我们教给孩子的内容，我们自己在关键时刻却没有做到这一点。比如，每当孩子帮我们做了一些事情时，我们有没有及时对他说声"谢谢"。很多爸爸妈妈在这方面都不那么在意，有的爸爸妈妈还会觉得：孩子帮爸爸妈妈做事是天经地义的，再说了，对自己的孩子，对自己的亲人，还总是谢来谢去的，多没有亲情感啊！

可是，这只是我们的想法，当听到我们表达了谢意之后，孩子的反应又会是怎样的呢？一位妈妈就讲了自己的一次经历："上次我在厨房里忙，孩子在看书。当我发现厨房用纸没有了的时候，我手上沾满了油，于是便喊孩子帮我从柜子里拿一卷新的厨房用纸。我知道孩子向来磨蹭，所以本来已经准备好了多等一会儿，哪知道，那一天孩子动作很迅速，快速地给我拿了一卷新的过来。在看见我满手油污时，还立刻撕了两张纸让我先擦擦手。我只是顺口说了一句'动作蛮迅速啊！谢谢！'，结果孩子笑得还挺得意。后来，我发现他比之前表现得积极了，慢慢地也不再那么磨蹭了。原来，给孩子一句'谢谢'，对他是如此大的一种鼓励啊！"其实这样的一句"谢谢"，会让孩子感觉到自己的重要性，他发现自己也能在必要时刻帮助妈妈，这会让他感到很自豪。而妈妈的谢意，也让他体会到了被尊重的感觉，当然他也会因此而感到愉悦。所以，为了维持这种愉悦感，他乐于做能让爸爸妈妈感到高兴的事情，而且也更乐于积极地去行动。不知不觉中，他磨蹭的坏习惯可能就会被这种积极性取代了。由此可见，孩子在这方面也是有渴望的，所以，我们不要忽略他的渴望，多几句谢意，多一些鼓励，从而调动起他的积极性吧。

## 给孩子最起码的尊重

总有爸爸妈妈有这样一种偏激的想法：孩子是我生我养的，就算他帮我做些什么，或者我指使他做些什么，这也是天经地义的事情，既然理所应当，又何必谈什么谢谢？这样的想法其实就是对孩子的不尊重，孩子也是一个独立的个体，如前所说，既然我们教他学会礼貌道谢，那我们就该首先做到这一点。

反之，如果孩子做了正确的事，或者说如果他主动帮了忙，我们却没什么表示，反倒觉得理所当然，他也会觉得做不做那些事都是无所谓的。如果我们总是用生养父母这种长辈身份来压孩子的话，他也会感到压力巨大，在以后的生活中，他可能会变得更加小心翼翼，更加磨蹭了。

孩子不是我们的附属，他也不会总是诸事不懂的幼稚小儿，我们给他的尊重，他都会铭记在心。从前面那位妈妈的经历就能看出来，简单的一句"谢谢"，让孩子信心大增，并且做事也不再那么磨蹭。不能否认，他有想要获得妈妈夸奖的心理，但这其实也代表他的积极性，不是吗？。

我们想不起来对孩子说"谢谢"，想不起来鼓励他的表现，其实还有一个原因，那就是我们并没有注意到孩子所做的事情。因为孩子做的那些事情可能都很小，而我们却在忙工作、忙家务、忙着打理全家上下、忙着与朋友邻居联络感情，所以也就忽略了孩子的表现。

也正因如此，我们不经意的一句"谢谢"，却被孩子当成了最美好的记忆，并且还由此产生了积极上进的动力。所以，适当地把时间也分给孩子一些吧，注意到他良好的表现，他主动给了我们帮助时，也及时说一声"谢谢"，肯定他的表现，关注他的感受，让他在这种温暖的氛围中积极主动地做更多的事情吧。不要把孩子隔绝在他自己的世界中。

很多孩子并不认为自己磨蹭，这是因为他被爸爸妈妈保护得太好了，只在自己的空间里生活。最典型的表现就是，我们不管做什么事都只是自己在做，不让孩子参与，至于说向孩子求助，我们更是以"孩子忙着学习"为由而拒绝考虑。如此，孩子这种磨蹭的心理是不可能得到扭转的。

改变这种状态的方法，就是我们要把孩子拉出他自己的空间，将他拉进我们的家庭生活之中。选择合适的时机，让孩子也参与我们正在做的事情里，并且有意识地表现得差一些，给孩子足够的表现机会。而在他表现之后，我们就可以及时表达谢意和鼓励，孩子体会到了这种被重视的感觉，他也会更乐于有所表现。

所以，不要什么都不让孩子干，生活是需要我们全家人参与的，这样才会过得更有意义。而为了培养孩子足够的积极性，这种全家融合式的生活才是我们所需要的。

## 给孩子属于自己的时间

每到双休日，上小学三年级的乐乐都要尽情玩耍，妈妈对此很担心，因为她看到许多孩子都会利用双休日参加各种辅导班或提高班，她觉得自己的孩子总是这么玩，一定会被别的孩子落下。

可是爸爸却不这么看，他对妈妈说："玩也是一种成长，你看，咱们的孩子在玩的过程中学会了辨认植物，认识了许多小昆虫；在玩的过程中还学会了种花，知道了西红柿是怎么生长的。而且，他在玩的过程中还结识了很多朋友。在你看来，他是在'浪费'时间，我觉得他的这种'浪费'也不错。更何况，他才不过上三年级，正是贪玩的时候，怎么能不让他休息，总让他学习呢？一个星期5天上学，我觉得足够了，剩下的两天，给他一些休闲时间吧。"

这位爸爸的话对我们有没有启示呢？他说得没错，孩子也需要休闲，而且孩子玩的过程也并非没有意义，表面看似没有做什么大事，可在这看似休闲的时间里，孩子却有了不小的收获。

所以，我们不如向这位爸爸学习，理性看待孩子的休闲时间，并让他能尽兴地享受应有的休闲时间，相信经过这样的调整，他玩得尽兴了，当然也就不会总想着玩了，等到真正学习的时候，他也一样能付出自己的努力。

一个星期有7天，当我们连续工作5天之后，就会有两天的休息时间。而有相当一部分父母可能一个星期连续工作6天，而只有一天的休息时间。对这仅有的两天或者一天的休息时间，我们都会相当"渴望"与"重视"，基本上都会利用这一天好好休息一下，调整一下身体和精神，以保证下个星期能有更好的精神状态继续工作。

其实孩子和我们的感受是一样的，连续上了5天学，每天都要集中精神去上满一整天的课，还要完成当天的家庭作业。只有周末两天可以休息一下，他也很想要这样的休闲时间。只不过，有些爸爸妈妈会觉得，孩子哪有我们累，他有那么大的精力，完全应该再多学一些，周末也不能那么休闲。这么想就错了，小学生对某些事情的注意力不能长时间集中，经历了5天的紧张学习，他当然也要有休息时间，调整一下生活节奏。平时，我们总是觉得孩子就该把所有时间都利用起来，才算是对时间的不浪费。所以，一说要给孩子一些休闲时间，我们就会觉得很为难，最终可能会很不情愿地分出一个小时来，说："你休息一会儿吧，一个小时后再继续。"本来就爱玩的孩子，一个小时怎么够？才不过是小学生的孩子，我们哪能让他的生活充满学习的紧张，而没有一点玩耍的快乐呢？既然要休闲，就给孩子足够的休闲时间吧。在休息的时间里也可以帮助孩子好好安排一下内容，让他在休闲时间里既能享受到快乐，又能缓解身体疲劳，如果从中能有一些意外的收获，那这样的休闲就再好不过了。

不要过分干涉孩子的休闲时间。可是有的爸爸妈妈却并不甘心，就好像孩子如果这么"随心所欲"了，就一定会出什么问题一样。于是，有的爸爸妈妈自以为很聪明地替孩子安排休闲时间，看似让他休息其实没有休息。

比如，有位妈妈一到双休日，就带着孩子去看画展、去书店，要不就去参观少年宫，或者给他准备很多书让他看。总之，孩子休息的时候，完全没有自由安排时间的机会，要做什么，不做什么，都是妈妈安排好的，而且所有活动都会在妈妈的讲解、鼓励和劝说声中完成。一开始孩子还觉得很好，可时间久了，他觉得即便是双休日自己也过得很累，一点都不休闲。这位妈妈的做法就是过分干涉了孩子的休闲时间，既然是要休闲，就要允许孩子自己安排时间，不管他玩也好，做其他事情也好，只要能保证他的健康和安全，就可以随他去。一般所说的"玩中所学"，应该是孩子自己的发现，我们可以引导但绝对不能主导。

很多爸爸妈妈看到孩子的那种随意玩耍的休闲方式之后，可能就会随口说一句"真浪费时间"，还有的爸爸妈妈会加上几句，诸如"你看看人家的孩子都去学习了""你也做点有意义的事情""啧，我都替你感到可惜"之类的话也会随之而来。

这样的话对孩子而言就是一种打击，他会觉得休闲就是错误的。但同时，他又会发现爸爸妈妈还在休闲，这就会给他造成一种错觉。而且，我们这样一抱怨，孩子多半都会为了不让爸爸妈妈生气转而去拿起书本，但他真的看得下去吗？当然不可能了！心思不在，只是被强迫做的事情，孩子绝对做不好，这样，时间同样也是被浪费了。所以，与其让孩子带着矛盾的心理，不情不愿，倒不如干脆放手让他好好休闲一番，这样的"浪费"也是应该有的，别太计较，我们轻松一些，孩子也会同样感到轻松。

## 劳逸结合是最好的教育方式

学习，要认真严肃，而且要有耐心，有毅力；玩耍，可以轻松自由，在保证安全健康的前提下做到随心所欲。学习和玩耍是两个完全相反的行为，也是孩子生活中必不可少的行为。说到学习对孩子的必不可少，很多爸爸妈妈会相当赞同。即便是刚入学的小学生，我们也希望他能表现出令人满意的学习态度和学习状态，几乎不用我们催促和监督，他就可以主动认真并且完美地完成自己的作业。

然而，现实却并不能使我们那么满意，几乎很少有孩子，尤其是刚开始上小学的孩子，能够不被催促就主动学习，所以我们会格外操心孩子的学习。而在我们眼里，孩子似乎总是在玩，一点儿也没有学习的意思，这也是我们无法放开严管的手的重要原因。因此，若说起学习对孩子的重要性，我们的确是深有体会的。

可是，如果说玩耍也是孩子不可或缺的，就会有爸爸妈妈产生疑问了，而且也会觉得焦虑。比如，有一位妈妈是这样说的："我天天都在担心孩子只顾着玩而不知道学习，现在居然说不能耽误他玩。那要放开了手，孩子还不得玩疯了啊！"这位妈妈的想法，绝大多数的爸爸妈妈恐怕都会认同。

爱玩耍本来就是孩子的天性，而且玩耍中的孩子也不光是傻傻地玩，在玩耍中也能有很多收获。我们不能剥夺孩子的天性，就好像我们有时候还想要玩耍一样，相较于成年人，孩子对玩耍的渴望会更甚。

试想一下，如果我们只是让孩子学习而不准他玩耍，那么他很快就会感到厌烦。因为长时间做同一件事，对于刚成为小学生的孩子来说并不是一件容易的事情。而且如前所说，学习是件严肃的事，而且有一些知识非常枯燥，所以孩子不可能长时间对学习保持兴趣。如果孩子因为长时间学习而对其产生了厌烦心理，那么这种心理就会导致他再也不愿意学习。即便是被强迫着坐在书桌前、面对着书本，他可能也会拒绝看书，而将这段时间白白浪费掉。

我们想必都知道，劳逸结合才是最好的工作方式，那何不允许孩子学习一段时间之后，通过玩耍来实现休息的目的呢？玩耍会让孩子的大脑暂时消除紧张的状态，经过一段时间的放松之后，再重新投入学习中，才能保证孩子继续学下去。

虽然是学习、玩耍两不误，但是二者在时间上还是有主次分配的。也就是说，孩子不能把他脑子最清醒、最容易记住东西的时段拿来玩耍，而把玩累了最不愿意动脑子的时段留给学习。最好的时间应该用来学习，也就是说，孩子要保证对"黄金时间"的合理利用。

根据生理学家的研究，人在一天之内可以有4个"黄金时间"，分别是清晨起床后、上午8：00—10：00、下午18：00—20：00、晚上入睡前一小时。家长可根据这几个"黄金时间",来提醒孩子在合适的时间安排合适的行动。

比如,早上起来,孩子可以读读经典、古诗词、名句名篇、英语单词、公式等;上午的时候,如果是在上学,就要好好听讲,如果是在家里,也最好是投入一段时间来学习;下午的"黄金时间"刚好在临睡前,孩子可以利用这段时间看一些书,晚上临睡前还可以回忆一下当天所学。这样,可以将"黄金时间"有效利用起来。

玩耍也是孩子生活的必需内容,但玩耍一定要有意义。比如,同样是休息,一个孩子只是在操场上疯一样地追跑打闹,另一个孩子则做起了简单的健身动作,还和别人聊起了天。显然,第一个孩子可能玩一会儿就感觉没意思了,而且还会加重身体负担;第二个孩子的玩,让身体得到了休息,同时通过聊天,也让他与朋友之间加深了了解和友谊。

这就是说,即便是休息,也不能毫无顾忌地想做什么就做什么,有意义地调养身体和大脑,能让玩耍变得更有意义,这样的休息才不会显得虚度时光。

有的孩子对玩耍有着极其强烈的渴望,所以一旦到了可以玩的时候,就会毫不顾忌地疯玩,大量的运动、高声叫喊、浑身冒汗……结果一次玩下来,自己累得气喘吁吁。还有一种孩子,对待玩太过认真,比如玩一个游戏,到了结束的时候还没尽兴,于是他就不惜占用学习时间,结果他的大部分精力都用在了玩上,学习时反倒没精神了。

这样的一些做法，都意味着孩子玩得太疯了。我们所说的劳逸结合中的"逸"，应该是一种安逸的状态，而不是让孩子犹如飞出牢笼的鸟一样尽情挥洒汗水。否则，玩得太疯会消耗孩子的精力，让他变化疲惫，等到了学习的时候也就彻底没了精神。

## 常问"几点了"，培养孩子对时间的感觉

就如前面所提到的，孩子判断要不要做一件事的理由，不是时间，而是他自己的意愿，他想要做什么事的时候才去做，而不是到什么时间了才要做。我们要做的就是培养孩子对时间的感觉，让他养成根据时间来安排自己行为的习惯。比如，我们可以从"现在几点"开始做起。

一位妈妈是这样做的：每次这位妈妈想要知道当下的时间时，都会有意地问孩子一句："现在几点了呢？看看表，大声告诉妈妈好吗？"孩子就会停下手中的事情，看看时钟，然后告诉妈妈现在是几点。接着妈妈就会根据时间提醒孩子该做什么了，或者提醒他现在手里的事情该停止了。久而久之，孩子习惯了抬头看时间，也注意到了时间与他的行为之间的关系。

这位妈妈就是通过自己的这种提醒，自然地让孩子主动去关注时间，这就是一个不错的办法。而另一位妈妈则有更为巧妙的方法，来看看她是怎么做的：孩子有时候也会想起来问妈妈："现在几点了呢？妈妈，动画片是不是快要开始了？"

妈妈则装着看了看天的样子说："嗯，你觉得现在到时间了吗？"

孩子则说："看看钟表不就得了？"妈妈赶紧拦住了孩子："今天我们不看钟表，来猜猜时间吧。从你刚才干的事情开始回想，然后估计一下时间，猜对了有奖励哦！"

孩子来了兴致，歪着头说："我的作业都写完了。我是从4点45分开始写的，所有作业都写完，我觉得应该用了一节课的时间吧。所以，现在是不是五点半呢？""啊，我们来看看正确答案吧。"说着，妈妈和孩子一起回头看向了钟表，然后妈妈笑着说："呵呵！恭喜你答得差不多，现在是5点20分，看来你写作业的时间把握得很好啊！不错不错！奖励就是，去看动画片吧，妈妈也要开始做饭了。"孩子欢呼一声，走之前没忘了跟妈妈说："我就看半个小时，到时候就该吃饭了！"妈妈笑着挥挥手，走进厨房忙碌了起来。

这也是一种方法，妈妈引导孩子猜测时间，就好比是一个游戏，吸引了孩子对时间的兴趣，同时还引导他通过估计时间来推测时间，孩子的注意力都在时间与自己的行为之间的关系之上，思维的转换让他把时间与行为联系到了一起。

当然，这个孩子猜对了时间，所以获得了夸奖和奖励。在生活中，如果我们的孩子猜错了时间，我们也没必要表现得不高兴或者讽刺他，这也不是什么了不得的事情，我们可以提醒他"对时间估计得有些快"或者"看来你是磨蹭了哦"，让他意识到自己的行为与时间是对不上的，也许他就会自行调整自己对时间的感觉了。

其实前面两位妈妈采取的方法我们也可以借鉴一下，这会让对孩子的时间培养变得不那么死板，而且还将抽象的时间概念也融合到了孩子的日常生活中，又增添了趣味性，相信孩子应该会喜欢这样的教育方式。

所以，我们也要开动脑筋，用一些巧妙的方法：比如，出门在外，在一些不方便看时间的地方，可以和孩子来几次猜测时间的比赛，看谁猜的时间更接近正确时间，然后找到有时钟的地方，再来判断谁猜得更准，胜者可以得到小奖励；又比如，引导孩子根据各种可以提示时刻的事物来判断时间，让他发现生活和时间有着紧密的联系，这样他的生活也会变得更有趣味一些。

尤其是第二种方法，借用其他可揭示时刻的事物来判断时间，这其实会更有意思一些，因为这需要孩子去观察生活中的各种事物。像是太阳光导致的影子、天上星辰的出现或消失、外面人群的增多或减少，等等，都可以提示孩子某些时刻的到来。这就促使孩子不得不去认真观察，不知不觉间他也就学会了根据其他事物来判断时间的方法。同时，时间观念也就慢慢地渗入了他的生活之中。当他养成习惯之后，就算我们不去提醒，在他看到某些事物的变化时，也会不自觉地估计当下的时间。

另外，这也是让孩子意识到时间流逝的一个好时机，尤其是看到太阳一点一点升起又缓缓降下，孩子也会体会到时间推移的感觉。当然，前面说了这么多的方法，其使用前提是我们和孩子都不忙，如果本来就很忙碌，我们还要让孩子又猜又想，他就会更加讨厌时间了。如果很忙碌，多看看手表，了解当下时间就好。

## "到……时间为止"提高孩子的时间意识

"妈妈，我想出去玩一会儿。"孩子这样请示道。第一位妈妈的回答是："好啊，戴上自己的小手表，到 6 点为止，你都可以在外面玩。6 点的时候爸爸也该下班回来了，到时候，你跟着爸爸一起回来。"第二位妈妈的回答则是："去吧，别回来太晚。"

对比一下，孩子会对哪种嘱托更加明了呢？显然是第一位妈妈的说法，因为她给了孩子一个明确的时间节点，那就是"6 点为止"，孩子会有一个明确的时间观念。而且，妈妈还嘱咐孩子戴上手表，这也是在给他提供时间的保障，当孩子发现手表显示 6 点时，也就会想起妈妈的嘱咐，准时回来了。而且，妈妈还加上了爸爸的事情，这就让她的这段嘱咐显得很温情，想象一下，在外面玩耍的孩子，看到下班回来的爸爸，父子俩一起说笑着回家，该是多么温馨的情形。

可是，平时生活中，我们却总是会说第二位妈妈所说的那种嘱托："别玩得太晚。"孩子本来就对时间没有太清晰的概念，只是一句"太晚"，他是不会知道多晚才算晚的，所以他可能会一直玩下去，直到自己再也不想玩了或者感觉饿了才会回家。而他回家的时间，一定晚于我们预期的最晚时间。

于是，看到晚归的孩子，我们可能会大发雷霆，绝大多数的爸爸妈妈都会这样训斥道："不是让你不要太晚吗？你怎么就这么不听话？"

　　可这哪里是孩子的问题呢？分明就是我们没有给他明确的时间节点，他自己又不会预估时间，就算天黑，他也依然能找到天黑时玩耍的游戏或玩具，他根本就毫无顾忌。所以，孩子时间观念的培养也同样需要我们对他多加提醒，要让他能意识到某些时间的节点，让他多体会一些"到……时候为止"的那个"止"。也就是说，我们要用这样的方式来让孩子更多地体会时间观念带给他的感觉，并进而生成自己的时间观念。

　　最好多用时间的单位来提醒孩子"到……时候为止"，这种提醒也是有要求的，那就是我们一定要提到时间的单位，比如十分钟、半个小时、两个小时，等等。

　　这种明确的时间单位，会让孩子更容易联想到时间，更重要的是，他也会意识到他要做的事情只能做那么长的时间，而不能无限制地超越。有的爸爸妈妈觉得，前面第一位妈妈那种说法，只要说"到爸爸回来时为止"不也就行了？这种说法也并不确切，因为爸爸回来的时间也不一定是固定的，如果我们本意是要求孩子在6点前回来，而看到爸爸回来则是一个附加的条件，并不能代表时间的节点。也就是说，我们不能将某件事当成时间完结的标志，而是要用明确的时间来表达，这样才能向孩子传达准确的信息。

　　不论孩子喜欢还是不喜欢做的事，都要设定合理的时间节点。做自己喜欢的事情，大家都会觉得时间跑得飞快，似乎做多久都做不烦；而做自己不喜欢的事情，我们会觉得时间过得很慢，所以我们会频繁地看时间，并且觉得时针似乎不怎么动。

这就是在提醒我们，凭借感觉去判断时间的长短是不靠谱的，如果是孩子的感觉那就更加不靠谱了。所以，不管是他喜欢做的还是不喜欢做的事情，我们都最好给他设定一个合理的时间节点，让他以时间为标准，而不是以自己的喜好为做事完结的标志。

引导孩子养成按时间规定做事的习惯。时间规定是帮孩子分割事情的最直接也是最管用的标志，什么时间做什么事、要做多长时间、到什么时间结束，有了这样的规定，孩子做事才不会太过随心而动，才能变得有规矩、有条理起来。

要养成这个好习惯，这用时间表是个不错的方法。在生活中鼓励孩子为自己每天的活动进行合理的时间安排，不仅会让他做事有条理，同时也会培养他的身体逐渐"记住"一些时间，从而形成有规律的生物钟。比如，早睡早起，坚持一段时间之后，他的身体就会形成生物钟规律，到时间就困，到时间就醒，就算不用催促，他也能自如控制起床时间，而且他的身体还不会累，这对他的身体发育也是有好处的。

## 尊重孩子选择奖励的权利

很多父母都意识到了奖励对孩子成长的重要性，故经常会采取奖励的方式激励孩子。可如果父母自以为某种奖励方式好，不尊重孩子的喜好与意愿而强加给孩子，就会导致奖励不能达到预期效果，甚至会导致孩子心生抵触。

父母应该尊重孩子的意愿，选择孩子喜欢的奖励方式，这样才能实现对孩子的激励效果最大化。特别需要注意的是，对于年纪较小的孩子来说，他们不会过分关注奖励的内容，而更在乎自己是否得到了奖励，如很多幼儿园的孩子，老师哪怕只奖励他们一张小贴画，他们也会开心地回到家里向父母炫耀。因此，对于年纪较小的孩子，如果父母不确定他们最喜欢什么，不妨多征询他们的意见，看他们想要什么样的奖励。如果孩子一时之间想不起来也没关系，父母可根据自己对孩子的了解提出不同建议，试看孩子的反应。

有时，孩子可能会想去一次动物园或者去吃一顿比萨，对孩子来说，这些都是完全正常的，父母可以坦然接受。在确定奖励之后，父母接下来要做的就是引导孩子努力完成自己的分内之事。细心的父母会发现，和孩子探讨奖励的过程其实是一段美好的亲子时光。在不断的交流与沟通中，亲子之间会相互理解、融洽相处。

孩子逐渐长大之后，小小的奖励或寻常的奖励，难以激起他们的兴致。此时，父母更要避免单方面制订奖励规则。很多时候，父母想要给孩子的一切刚好是孩子不想要的，如此一来，奖励也便失去了意义，根本不能激起孩子的兴趣。对于年龄稍微大些的孩子，父母要更加尊重和理解他们，同时鼓励他们说出自己最想得到的奖励。只有在与孩子交流时做到开诚布公，以真诚打开孩子的心扉，才能让交流更加顺利地进行下去，才能让孩子更加积极主动地说出自己的想法。

这次期末考试，11 岁的小迪考了第一名。考试之前，妈妈曾告诉小迪："妈妈要送你一个神秘的礼物。"小迪几次三番问妈妈礼物是什么，妈妈却始终摆出一副高深莫测的样子，对小迪保密。

在礼物的激励下，小迪的确使出了浑身解数，每天都在认真复习功课。期末考试，小迪如愿以偿考取班级第一名，和之前成绩一直在班级前五名左右徘徊相比，这次的进步十分巨大。当晚，当小迪把考了第一名的好消息告诉妈妈时，妈妈却拿出了一套习题送给小迪，小迪看到这个礼物之后脸上写满了失望。妈妈很纳闷："小迪，这套习题是妈妈千挑万选出来的，经常做习题有助于保持你的好成绩。"

小迪沮丧地点点头，随即说道："妈妈，我想要一双运动鞋，过几天就要参加运动会了，同学都有运动鞋了。"看到小迪伤心失落的样子，妈妈心有不忍，当即说："好吧，这次是妈妈做错了，没有提前和你沟通。这样，妈妈再给你买双运动鞋当礼物吧，这套习题可以留给你平时做。"听到妈妈的话，小迪一蹦三尺高，欢呼雀跃地喊道："好啊，好啊，妈妈万岁！"妈妈赶紧又说："不要骄傲，继续努力，再接再厉！"小迪喊道："放心吧，妈妈！"

对于年龄稍微大些的孩子来说，奖励一旦出错，就无法达到预期的效果。对于已经是大孩子的小迪，妈妈的确做得不够周全，毕竟对于小迪而言并不在乎所谓的惊喜，而是希望得到自己想要的奖励。如果妈妈提前和小迪沟通，确定小迪想要得到怎样的奖励，那么小迪也就不会大失所望了。幸好妈妈及时补救，才让小迪转忧为喜，并且得到了自己心仪的礼物作为奖励。

任何一种人际关系，良好的沟通都是建立和谐关系的基础。亲子关系虽然比其他人际关系更亲密，但是也要建立在沟通的基础上。很多父母都觉得自己很了解孩子，其实不然，随着孩子逐渐长大，已经不再是那个对父母完全信任和依赖的小生命了，他们有了自己的眼界、想法和观点，所以父母只有尊重他们，才能打开他们的心扉，了解他们的心理，与他们更好地相处。

父母很多时候不懂孩子，他们对孩子的"懂"都是建立在一种"想当然"的基础之上的，几乎很少有父母懂孩子，也很少有孩子懂父母，当他们彼此懂得时，双方自然都会因为奖励而开心。所以过父母与孩子彼此的懂，有助于融洽孩子与父母之间的关系。奖励孩子时，父母的奖励方式是孩子愿意争取的，奖励必然能起到最大的效果，也让孩子彻底改变拖延的状态，对做事情充满激情。

## 用适当的方式鼓励孩子的进步

孩子因为自身身心发展的局限性，往往对自己缺乏正确的认知，更不能客观中肯地评价自己。此时，即使是漫不经心的评价，都会被孩子采纳，成为孩子对自己的认知和评价。可想而知，父母如果是个喜欢批评、否定孩子的人，孩子就会徒增苦恼。

相反，如果父母可以做到经常认可、表扬孩子，孩子对自己的期望自然越来越高。因为认可和赞赏更能激发出孩子的主动性，让孩子变得越来越充满自信。

很多父母都觉得孩子年龄小，没有那么细腻的心思与感知能力。岂不知，孩子的内心其实敏感而脆弱，他们在乎父母的鼓励，也因为父母的否定耿耿于怀。遗憾的是，很多父母都不在意自己的言辞，即他们早已经习惯了不分青红皂白地否定孩子，似乎他们的眼睛只能看到孩子的缺点，而丝毫看不到孩子的优点。所谓"金无足赤，人无完人"，每个孩子都既有缺点，又有优点，所以父母看待孩子也不能片面，而要客观看待孩子的优点和长处，对于孩子的缺点和不足，也要想方设法以最合理的方式表达出来。

很多时候，同样的意思以不同的方式表达出来，会给人以完全不同的感觉。例如孩子行动很慢，现在终于有了进步，妈妈如果夸赞孩子："哎呀，你现在的行动终于快点儿了，你知道吗？你过去的行动比蜗牛还要慢！"这种话使孩子感到很沮丧，因为孩子觉得自己已经非常努力了，也只是比蜗牛快点儿而已。此时妈妈不妨换一种表达方式："宝贝，你真棒，你现在比以前快多了，这都是你努力的结果。如果你继续努力，妈妈相信你会更上一层楼的。"这句话不仅表达了对孩子的认可，而且对孩子给予厚望，孩子自然更加充满信心，也力争达到父母的预期。为了强化对孩子的激励作用，父母除了口头奖励外，也可以给予孩子一些物质奖励，让孩子感受到父母切实的认可与赞许。如此一来，孩子在做同样的事情时，一定会有意识地提升自己的速度，让自己做得又快又好，更加符合父母的预期。

周旋每次写作业都磨磨蹭蹭的，其他同学只要 1 个小时就能写完的作业，她要写两个多小时。对此，妈妈感到十分苦恼，不知怎么做才能提升周旋写作业的速度。

有段时间，妈妈为了帮助周旋加快写作业的速度，特意邀请了周旋的同班同学来家里一起开展作业比赛。为了起到激励作用，妈妈还买了一些小礼物，奖励给写作业第一名的孩子。刚开始几次，周旋都没有得到奖状，看着自己的妈妈颁奖给其他同学，她觉得脸上无光，因而第二天再写作业的时候，她不停地告诉自己要迅速。果然，周旋在写作业速度的排名上越来越靠前，一个星期之后，她终于如愿以偿成为第一名。比赛结束后，同学们都走了，妈妈这才对兴奋的周旋说："周旋，现在知道妈妈为什么要开展比赛了吗？"周旋点点头，说："我的速度变快了。"妈妈笑了，说："以前妈妈催促你快点儿写，你总说自己已经尽力了。妈妈只是想告诉你，对于有目标的人来说，进步是永无止境的。只要你继续努力，你还可以继续提升自己的速度，做到更好。"周旋重重地点点头，意识到妈妈的良苦用心。

为了刺激周旋提升写作业的速度，妈妈不惜在家里组织写作业比赛，好让周旋了解其他同学用时多久完成作业。这样一来，周旋写作业速度自然得以提高，她也理解了妈妈的良苦用心。在周旋有了进步之后，妈妈不仅当着其他同学的面表扬周旋，而且还在同学们都离开之后，继续给周旋加油鼓劲。

很多时候，父母对孩子的要求过高，在孩子有了小小的进步后，他们并不会及时表扬孩子。这就像是马拉松比赛一样，如果他们总是把目标定位在遥远的赛程终点，那么他们也许跑了很短的时间，就无法继续坚持下去了。假如父母对孩子的表扬也在遥远的目标实现之后，那么孩子往往很难坚持下去。尤其是孩子要想改掉拖延的坏习惯，这需要漫长的过程，这种情况下父母应该帮助孩子把过程进行划分，从而在孩子每完成一个小阶段的目标后就及时、积极地鼓励孩子，这样孩子当然会更加充满信心，也以强大的力量继续坚持下去，直达目标。

# 第八章
## 集中精神：孩子集中注意力有利于发展

孩子的注意力容易因新的刺激发生转移。因此，要想给孩子营造一个良好的注意环境，家长首先应排除各种可能分散孩子注意力的因素，为孩子创造一个安静、祥和、简单的学习环境，这是帮助孩子养成良好的学习习惯的首要条件。

## 给孩子独立的学习环境

筱筱是小学六年级的学生，平时她学习特别认真，成绩也很好。可是，最近不知怎么回事，上课的时候老是打哈欠，一副精神不振的模样，班主任王老师暗示了她几次，可情况并没有因此而好转。这到底是怎么一回事呢？为此，王老师专门对她进行了一次家访。

那是星期天的下午，王老师来到筱筱的家门口，大老远就听到筱筱家里传出的麻将声。

听到敲门声，筱筱的妈妈出来开门，一见王老师，筱筱的妈妈有些不自然了，她红着脸把老师引进了家门。王老师一看到筱筱家混乱嘈杂的情景，一下子就明白了筱筱上课精神不振的原因了。原来这都是"麻将声"惹的祸呀！

王老师说明来意，并介绍了筱筱最近在学校的表现。最后，王老师意味深长地对筱筱的妈妈说："要想孩子学习好，是需要家长与孩子一起努力的，特别是家长，要为孩子创造一个良好的学习环境。"

筱筱的妈妈听了这话，不禁惭愧地连连点头，赶忙中止了家里的"活动"，并承诺说，以后一定不会在家里打麻将影响孩子学习了。

孩子良好学习习惯的养成有赖于一个良好的家庭环境，而良好的家庭环境首先应该以安静、祥和为前提。故事中，筱筱的家长没有意识到家庭环境对孩子学习的影响，因此，在家里公然开起了"麻将馆"，让孩子缺少安静和谐的学习环境，导致孩子注意力不集中，影响了孩子的正常学习。这种做法显然是非常不明智的。当然，在现实生活中，这样的家长毕竟是少数，更多的家长都非常重视良好的家庭环境与学习氛围的营造。小田众的爸爸妈妈就是这样的——

小田众一家挤在一个小小的一居室里，每当孩子开始学习的时候，田众的爸爸妈妈就自觉关掉电视，在客厅里喝茶、看书、看报纸。妈妈对孩子说，这是共同学习，共同进步。一般情况下，爸爸妈妈是不会无故打扰孩子学习的，除非是孩子在学习或者写作业的过程中遇到了难题，主动请教爸爸妈妈，这时，爸爸或者妈妈才会予以帮忙、提示。

在爸爸妈妈的影响和帮助下，小田众不仅学习认真、专心，意志力还非常强。通常没有实在想不出来的问题，他是不会主动请求帮助的。正因为如此，小田众的学习成绩在年级里名列前茅，做其他任何事情也总是有始有终，让老师和同学都非常佩服。

小田众的例子告诉我们，只有家长尽力为孩子排除使孩子分心的因素，给孩子创造一个安静、独立的学习环境，孩子才能够集中精力学习，养成良好的学习习惯。而要给孩子创造一个独立、安静的学习环境，家长应做到以下几个方面：

### 1. 要给孩子创造安静的家庭学习氛围，让孩子专心地学习

孩子的注意力很容易受到外界嘈杂声音的干扰。因此，要想孩子专心地学习，家长自己要保持安静，不要做分散孩子注意力的事，如看电视、大声议论或哈哈大笑等。如果是在不同的房间里，家长也应该把门关好，把声音调小。当然，这个时间段，家长也可像故

事中田众的爸爸妈妈那样，认真地看书学习，以模范行为让孩子效仿。在孩子学习时，家长不要唠叨，问这问那，这些都会干扰孩子的学习。

生活中，经常会有这样的现象，一些家长爱子心切，总担心孩子冻着、饿着、冷着……因此，总喜欢在孩子看书、学习、做作业的时候"热情"地照顾孩子。如，孩子刚学习一会儿，家长就进来询问："宝贝，口渴了吗？要不要先喝点什么？"于是，孩子的学习被迫中断。不一会儿，家长又会进来说："做得怎么样了？有没有遇到难题？""光线够不够呢？要不要我帮你调亮一点？"……就这样，一而再，再而三地"关心"孩子，一次又一次地打断了孩子学习的思路。试想，一个注意力总是被打断的孩子，如何能较高质量地完成自己的学习任务呢？

**2. 为孩子提供一个固定、独立的学习场所**

我们都知道，孩子的注意力是很容易受到习惯的影响的，因此，对孩子来说，拥有属于自己的学习场所很重要。作为家长，最好给孩子布置一间属于他们的房间，让孩子在固定的学习场所学习。此外，孩子学习时的桌椅位置应固定，不能随意搬动。这样，孩子在固定的场所，固定的位置学习，他们很容易就能形成一种专心学习的心理定式，只要一进入这个环境，他们的整个身心都会不自觉地投入学习之中，从而取得良好的学习效果。

**3. 为孩子创造适合他们专心学习的心理氛围**

要想孩子做到心无旁骛、专心致志地学习，家庭成员之间还应该互相关心、亲密融洽，这是孩子"入境""入静"的重要条件。家庭人际关系如果不和谐，经常吵吵闹闹，对孩子来说是一种心理干扰与，情绪压力。在这种负面情绪的干扰下，孩子是不可能做到专心学习的。

刘颖是小学四年级的学生，她的家庭条件很好，从小就有一间属于自己的屋子。在她的屋子里该有的东西应有尽有，刘颖可以一边写作业，一边听音乐，还能随手就拿来她想吃的东西。大家都很羡慕刘颖，认为她有个能干的爸爸。可刘颖并不开心。

和其他同学一样，刘颖也曾有过快乐的时光，那时候，她在爸爸妈妈温柔的爱抚下快乐地成长，聪明、活泼、可爱。

但是，好景不长，这样的日子一去不复返了。

在刘颖上小学后，父母常因家庭琐事发生争吵，甚至相互殴打。爸爸妈妈每次吵架，小刘颖都躲在墙角，用手捂住脸不敢观望，有时会在睡梦中惊醒哭喊。

从此，刘颖变得胆小、寡言少语。刘颖的脑海里整天想着爸爸妈妈吵架的事，每到上课的时候，父母吵架的场面常在她的脑海里浮现，以至于她根本不能集中注意力听老师讲课。在这种情况下，刘颖怎么可能把书念好呢？对于刘颖来说，她更羡慕那些家庭经济条件不怎么样，但是父母感情和睦的同学。

刘颖之所以长期处于严重的抑郁状态下，精神不能集中，主要是因其父母关系长期不和造成的。孩子的成长需要一个和睦、安宁的家庭环境，家庭的矛盾对孩子的心理和智力发育有着深远的影响。作为家长，我们与其千方百计地为孩子提供丰富的物质生活，不如为孩子营造一个和谐的家庭氛围，这是孩子专心学习的心理保障。

此外，家长还应该有意识地提高自身的修养，为建立一个良好的家庭环境尽职尽责，这样有助于提高孩子的学习效率，帮助孩子在有限的时间里获得更多的知识，取得更好的成绩。

## 良好的环境利于孩子集中注意力

一个固定、安静、独立的学习场所固然重要，但这并不能解决所有的问题。孩子学习的场所除了应具备这些条件以外，还应该做到整洁、舒适、有序，使孩子心平气和地待在那里学习。只有心境平静，孩子的学习才能有效果，不然的话，学习将是无效的。

嘉豪今年上小学四年级，他的爸爸妈妈是生意人，成天忙于生意，没有时间照顾他。为了弥补自己没有时间照顾孩子的缺憾，他们尽量从物质上满足孩子的各种愿望。嘉豪要什么，他们给买什么。

以至于嘉豪家到处都是各式各样的电动玩具。孩子成天追着这些电动玩具前前后后地跑个不停，等到累了，他顺手把玩具一丢，就往沙发上一躺，一边喝饮料，一边看电视。其日子过得甚是逍遥。直到他家的保姆再三催促，他才恋恋不舍地回到自己的房间做作业。

当然，他是没有办法专心写作业的。在他的书桌上，摆放着一台偌大的电脑，占去了不小的空间。在剩余的空间里，堆放着各种各样的书刊、画册、爸爸从国外带回来的文具……这些，无一不扰乱他的心绪。他总是做一会儿作业就看看画册，读一段小故事，或者索性打开电脑玩一会儿游戏再继续做作业。这样的做事效率，其结果可想而知了。为此，嘉豪经常完不成家庭作业，而他的爸爸妈妈也没少挨老师的批评。

　　孩子的注意力总是受周围的环境影响的。周围的环境不同，孩子的心境与态度也会有所不同。当周围环境杂乱不堪时，孩子的心境也会随之纷乱散漫，无法平心静气地做事。相反，在一个有条不紊的环境里，孩子的精神则很容易集中。故事中，嘉豪的父母千方百计地满足孩子的各种物质需求，却没有意识到，对孩子来说，一个整洁、舒适、有序的学习环境更加重要。要想让孩子专注学习，做法其实非常简单，嘉豪的父母只要做到简化环境即可。即把孩子的玩具收起来，使其远离孩子的视线；把孩子书桌上的电脑搬走；将书桌上与孩子学习内容无关的其他书籍、物品全部清走，保证在孩子的视野中，只有与他现在要学习的科目有关的用品；抽屉和柜子一般上锁，以免孩子随时翻动；书桌前方除了张贴与学习有关的地图、公式、拼音表格外，不要贴其他吸引孩子注意力的东西……唯有保持房间的整洁、有序，孩子才能安下心来学习。

　　与嘉豪家的环境不同，嘉豪的同学彭洋的家庭条件并不优越。彭洋的爸爸妈妈是双职工，彭洋的奶奶是个老知识分子，他们平素非常关心孩子的教育。彭洋从一年级开始，就有了自己独立的学习空间。彭洋的奶奶从小就教彭洋自己学会整理书包、文具、打扫房间。因此，小彭洋的房间总是收拾得井井有条，非常整洁。

　　在他的房间里，淡蓝色壁纸搭配直条纹的地板，书架上分门别类地摆放着各种图书，生活计划表和功课表也摆放在适当的地方，整体非常协调。

窗户上装了蓝色的百叶窗代替窗帘，可以适当遮挡阳光；书桌上放一盏台灯，要预习的课本整整齐齐放在桌上。

谈到孩子的注意力问题，彭洋的妈妈深有体会地说："彭洋之所以能够有条不紊地安排自己的学习时间，学习效率相当高，这跟他从小养成的有条不紊的生活习惯是分不开的。正因为他爱整洁，学习之前总把书桌整理得干干净净的，所以，在学习时，他总能集中注意力，很少受到外界的干扰，因此学习成绩也很好！"

很多家长可能都有过这样的经验，自己的孩子有独立的学习空间，但他同样没有办法专心致志地学习，学习时总显得非常烦躁。这是为什么呢？仔细观察，我们不难发现，这与孩子是否养成整洁的生活习惯是有很大关系的。生活中，这些学习时注意力无法集中的孩子通常不善于整理自己的房间。因此，他们的房间总是乱糟糟的，书籍和玩具散落四处，书桌上堆满了各种与学习无关的物品，以至于他们的注意力始终无法集中到学习上。因此，培养孩子良好的习惯很重要，它影响到孩子的学习效果。

为了能给孩子提供一个整洁、有序的环境，使孩子能够专心致志地学习，家长应做到哪几个方面呢？

首先，孩子的学习场所要足够大。孩子用的书桌至少是80厘米宽、120厘米长。同样重要的还有椅子，椅子要尽可能使整个身子保持笔直的坐姿。

其次，学习空间必须足够整洁。要尽量保证书桌的整洁，不要在书桌上堆满一些与学习无关的东西，否则会让孩子分心。

再则，最好在学习场所准备好所需的所有用具：纸、笔、直尺、草稿纸、削好的铅笔、橡皮擦等。如果孩子刚想学习，却发现所需的用具都不见了，或者是横七竖八地乱放着，这会影响到孩子的心情，使其注意力很难集中起来，从而妨碍学习。

最后，为孩子提供舒适的学习环境。为了打造舒适的学习环境，家长可以在孩子房间的墙上贴一些装饰画或者绘画作品，还可以在窗台上放个盆栽。一个舒适的学习环境能够增进孩子的学习兴趣，从而提高他们的学习效率。

如果孩子喜欢诸如芳香油或者香烛之类的东西，家长完全可以用这些东西来增加学习环境的舒适感。但是，要注意香气的用量，香味不要太浓，否则会引起孩子身体上的不适。

此外，为了能给孩子提供一个整洁、舒适、有序的学习环境，家长还可以试着引导孩子把自己的房间打扫干净，并培养孩子把自己的东西整理得井然有序的好习惯。如教孩子把清洗干净的衣物叠好后，分类、整齐地放进橱柜中，脱下的衣帽、鞋袜挂放在适当的位置，不乱丢，然后擦拭桌椅……

这样一来，孩子不但会心情愉快，甚至学习也能得心应手，做作业时候的烦躁也会因此一扫而空。这不但可以帮助孩子整理好自己的房间，避免刺激物分散孩子的注意力，而且可以培养孩子的手眼协调能力、分类辨识能力及有条理的习惯。良好的生活习惯的养成，能让孩子终身受益！

## 孩子的房间避免过多的干扰与刺激

与大多数"望子成龙""望女成凤"的家长一样，小海波的爸爸妈妈从小就开始培养孩子的各种能力。为了让孩子更加专注地学习，小海波的妈妈把自己的大卧室腾出来给小海波住，自己住进了次卧。此外，小海波的爸爸还不惜花重金重新打造海波的卧室，力求孩子的房间光照充足、通风良好，屋里书桌和床铺的摆放科学、合理。然而，令人遗憾的是，小海波似乎并没有爸爸妈妈想象的那般自觉，通常把自己关在卧室里两三个小时，却没做多少事情。这到底是怎么回事呢？

为了摸清底细，小海波的妈妈特地当起了"陪读"。在"陪读"的过程中，妈妈发现，小海波在做作业的过程中总是有意无意地望向窗户，时不时瞄一眼窗外……

小海波的妈妈走近窗户一看，什么都明白了。原来海波家在2楼，而大卧室的窗户正好对着小区的大门，楼下时不时有人走动，小区大门的哐当声和门卫的问询声不时传来……在这种充斥着刺激和干扰源的环境下，孩子怎么可能专心致志地学习、做作业呢？

第二天，小海波妈妈立刻为孩子调换了卧室。此后，孩子的注意力明显有所好转，做作业的效率也高多了。

我们都知道，孩子的注意力以无意注意为主，他们常常会因为外物的刺激出现注意力分散的现象。如故事中的小海波因为房间临小区门口，屋外的声音嘈杂，人来人往，所以很难集中精力学习。换了卧室以后，因为再没有那么喧哗吵闹，孩子自然而然就能把注意力专注到自己的学习上，学习效率也因此有了明显的提高。因此，在培养孩子的注意力之始，家长首先要减少无关的刺激和干扰，为孩子提供一个安静、舒适的学习环境，发展其注意的稳定性与持久性。

那么，儿童的房间应达到什么样的指标呢？教育专家以为，儿童房间的室内指标有以下几种：

**1. 室内的噪声指标**

噪声对孩子脑力活动影响极大，一方面分散孩子在学习活动中的注意力；另一方面，长时间接触噪声可造成孩子心理紧张，影响身心健康。据报道，人们如果较长时间在 70 分贝以上的噪声环境中工作，工作效率和身体健康便会受到影响。一般来说，噪声主要是对听觉产生影响，持续性噪声能够引起耳蜗基底膜损害，造成噪声性耳聋。同时，在噪声的影响下，人的注意力甚至能降低到平时的 20%。在噪声的影响下，人们看红橙色比看蓝绿色更模糊、吃力。更为严重的是，强烈持久的噪声会使人过度烦闷，微弱而稳定的噪声又可使人昏昏欲睡。在 80 ~ 100 分贝的噪声中，人们会产生疲倦感却又睡不好，而且还会感到头疼，容易发怒，心情烦躁，注意力无法集中。突然出现的巨大声响以及没有规律的间断噪声，更容易分散人的注意力。正常情况下，儿童房间的噪声幅度控制在 50 分贝以下。

如果家住在临街面的地方，而又无法搬迁，家长不妨和孩子一起动手，减少噪声等不良刺激的干扰。

先来看看墙壁有没有可改造的地方，墙壁不宜过于光滑。如果墙壁过于光滑，声音就会在接触光滑的墙壁时产生回声，从而增加噪声的音量。因此，可在小床旁的墙上钉一块布。这个小窍门源于电影院，如果你仔细观察一下就会发现，电影院里的墙壁是凹凸不平的，因为凸凹不平的墙壁可以吸收一部分声音。

再来看看家具的摆放。尽量合理放置房间里的家具。家具过少的房间会使声音在室内共鸣回荡，增加噪声。

女孩子喜欢的布艺装饰品也有不错的吸音效果。悬垂与平铺，其吸音作用和效果是一样的，如挂毯、布制的装饰花甚至窗帘等。

其中,以窗帘的隔音作用最为明显,既能吸音,又有很好的装饰效果,是不错的选择。

### 2.室内的一氧化碳指标

一氧化碳浓度应小于5毫克／立方米。一氧化碳是室内空气中最为常见的有毒气体,容易损伤孩子的神经细胞,对儿童的成长极为有害。因此,家长要保证燃气的正确使用,保持室内通风等。

### 3.室内的二氧化碳指标

二氧化碳浓度应小于0.1%。二氧化碳浓度是判断室内空气质量的综合性间接指标,如浓度过高,会使孩子产生恶心、头疼不适的症状。因此,家长要保持房间内的通风,促进空气流通。

### 4.室内的气温指标

儿童的体温调节能力差,因此,儿童房的室内的温度在夏季时应控制在28℃以下,冬季室内温度血应18℃以上。此外,家长还应该注意空调对儿童身体的影响,合理使用空调。

### 5.室内的细菌指标

儿童正处于生长发育阶段,免疫力比较低,因此,家长应做好房间的清洁工作。

### 6.室内的相对湿度指标

儿童房内的相对湿度应保证在30%~70%之间。湿度过低,容易对儿童的呼吸道造成损害;湿度过高则不利于汗液蒸发,使儿童身体不适。

### 7.室内空气流动指标

在保证通风换气的前提下,儿童房间的气流不应该大于0.3m/s,如果孩子房间里的气流过大,会让孩子产生冷感,可能致使孩子感冒。

### 8. 室内采光照明指标

现代研究表明，过于集中的光线容易使人疲劳，尤其是引起视觉疲劳，从而引起阅读效率低下，视力下降。

正确的做法应该是：同时打开分散的和集中的光源，就是房间的灯和台灯同时使用。这样，柔和的灯光会使孩子身心放松，而集中的光线使孩子的视野变得明亮，且会使孩子适度地兴奋，这样，既有助于其提高书写的效率，也保护了视力。

儿童房间的用灯数量与种类是随着孩子成长的不同时期而变化的。

在婴儿期间，灯光照到活动所需范围即可，而且最好安装调光器，在夜晚，可把光线调暗一些，以增加婴儿在夜晚的安全感，同时又方便在夜间哺乳孩子。

随着孩子的成长，床头需置一盏足够亮的灯，来满足孩子在入睡前翻阅读物的要求。

学龄前儿童的书桌前必须有一个足够亮的光源，这样会有利于孩子游戏、阅读、画画。

一个减光开关，既便于孩子晚上开关电灯，又可为家长与孩子相处时营造亲密气氛，有助于孩子尽快入睡。

另外，当今社会是视觉时代，到处都是视觉刺激，如电视、网络、广电等色彩鲜艳、极富动感的视觉信息总是分散一个人的注意力。当年幼的孩子在面对这些刺激源时，往往会被动地注意这些事物，从而失去了静心学习与思考的意志。于是，慢慢地，孩子的注意力越来越涣散，自制力也越来越不行。在这种情况下，家长就需要控制相应的刺激源，尽量给孩子留一段安静的时间去游戏和学习，或者专注地做一件自己喜欢的事情。

总之，一个有利于孩子专注力发展的环境应该是安静、明亮、空气清新的。唯有如此，孩子的注意力才能得到进一步的发展。

## 音乐有助于培养孩子的注意力

六年级的志泉有个毛病，一拿起课本，自学一会儿，就想打瞌睡。可是，他只要一听到音乐就很精神。老师知道情况以后，建议他在自学之前先静静地听一会儿音乐，等到注意力集中时开始学习。志泉采取了老师的建议以后，学习时竟不再感到困倦了。持续一段时间以后，志泉逐渐养成了爱学习的好习惯。即使坚持几个小时的学习，也不会像原来那样感到倦怠和乏力。

音乐是听觉的艺术，是用耳朵来倾听、感受乐曲的美。它除了能让人心情愉快以外，还有一种作用，就是促进睡眠和防止瞌睡。孩子在听音乐时，必定要使注意力集中起来，"聚精会神"地倾听，"思考"音乐的语言，才能感受到音乐的美。因此，从小对孩子进行音乐教育有利于培养孩子的注意力。

"聚精会神""思考"，就是孩子在接受音乐教育时所进行的听、看、想等心理活动的外在表现。这些心理活动都可以表现为"注意"这种状态。

离开各种心理活动的单纯注意是不存在的。因为，当孩子在倾听音乐，摆弄乐器的时候，他们总是在感知着什么，记忆着什么，或思考着什么。既不看、不叫，又不记、不想，当然也谈不上注意。当音乐刺激着孩子的听觉时，就会引起孩子的倾听、思考等心理活动，促使孩子去探究这音乐在表现什么？进一步还要深入探究这些内容与自己有什么关系。从探究"表现什么"开始，注意便参加到认识过程中，随着探究活动的进行，注意一直伴随着，保证孩子最清晰而完全地去理解、感受、认识客观事物。因此，音乐教育对孩子的注意力培养是有利的。

那么，家长应如何通过音乐来培养孩子的注意力呢？具体做法如下：

### 1.通过形象、生动的教具培养孩子的注意力

幼儿时期，孩子的无意"注意"占优势地位。鲜明、直观、具体、形象、生动的刺激物以及刺激物的突然显著的变化，仍然是孩子无意"注意"的对象。因此，家长在对孩子进行音乐教育时，应运用颜色鲜艳的、有生动形象的教具来帮助孩子集中注意力。

### 2.通过律动、歌曲、舞蹈等稳定孩子的注意力

爱动是孩子的天性，幼儿年龄小，尤其好动，但是注意力不集中，要稳定幼儿注意力，家长应为孩子创造动脑、动口、动手的环境和机会，让孩子用律动、歌曲、舞蹈等形式来表现音乐，使整个过程处于愉快、轻松、和谐的气氛中，增强幼儿学习的新鲜感和主动性。

### 3.通过打击乐器培养孩子的注意力

教孩子打击乐器能帮助孩子提高兴趣，掌握节奏，增强孩子的表现欲，从而使孩子集中注意力。当孩子的注意力服从于活动的目的时，他们的有意"注意"就能得到很好的发展。

当然，帮孩子选择音乐时，还应该适合孩子的年龄段。如小学低年级学生可选择活泼、欢快、轻松的音乐作品，旋律、音响、配器都不要太复杂。像《卖报歌》《铃儿响叮当》等歌曲、乐曲，孩子们都很喜欢。而惟妙惟肖地模拟自然界声音的音乐，如小鸟鸣叫、泉水叮咚、火车轰隆等声音的乐曲，也是启迪孩子心灵的佳品。

小学中年级学生，要培养他们的音乐抽象能力，以开发他们的

逻辑思维。这就要学习一些音乐语言要素的知识，如旋律、调式、调性、和声，等等，要让孩子体会音乐作品的"内容美"，不能仅局限于"好听"之类的教育。

小学高年级的学生，可以有选择地听下列乐曲：

中国和外国的古典音乐，如《喜洋洋》《英雄交响曲》（贝多芬）、《佛罗伦萨之夜》（海涅）等。

内容健康的现代大型乐曲，如《黄河大合唱》《红旗颂》《长征组歌》等。抒情的轻音乐、流行音乐，如《军港之夜》《赶海姑娘》等。

学生用音乐益智，可以选听古典乐曲，内容健康的宫廷音乐，清新的民族音乐或典雅的交响乐曲。要根据青少年的身心特点，以轻音乐、抒情乐曲以及流行歌曲等健康高尚、催人奋进的音乐为主，这样才有助于增益智能。下面是一些适合孩子欣赏的音乐曲目：

花之歌《门德尔松》

小提琴协奏曲《门德尔松》

巴洛克音乐集锦

皮尔金组曲——清晨《葛里格》

月光曲《德彪西》

梦幻曲《舒曼》

G 弦之歌《巴赫》

蓝色多瑙河《约翰·施特劳斯》

## 家长应给孩子提出切实可行的要求

很多孩子因为身心发展的规律与特点，一般无法专心致志地做好一件事情。因此，要想让孩子注意力集中地做某件事，家长应给孩子提出切实可行的要求。

那么，什么样的要求才算是切实可行的呢？一般来说，只要在孩子力所能及的范围之内或者通过一定的努力能够做到的要求，都是切实可行的。当然，对孩子提的要求，不仅要做到切实可行，还应该做到以下几点：

首先，对孩子的要求要一以贯之。

也就是说，家长应该坚持执行始终如一的规章和纪律。如要求孩子每天放学以后，应该先做什么，再做什么，要形成制度。这样，孩子就知道在某一个时间该做什么事情。当这些事情做完以后，便可以让孩子自由安排自己的时间。如果家长对孩子的要求总是一再变更的话，那么，孩子必然会感到无所适从，从而逐渐漠视家长提出的要求。

其次，给孩子提出的要求要明确、具体、简洁。

孩子的思维具有形象、具体的特点，因此，家长对孩子提要求时要做到具体、明确、简洁，切忌笼统、模糊或要求太高。否则，孩子对父母的要求不能正确理解，无法达到要求，或者干脆置之不理。有两位不同的妈妈是这么给孩子提要求的：

小丽的妈妈：

小丽的妈妈外出前对小丽说："今天你把自己的房间整理整理！"说完，妈妈就出门了。可是，小丽的妈妈回来后发现，小丽没按要求做，房间依旧乱七八糟。妈妈很生气，把小丽教训了一顿。小丽很委屈："房间这么多东西，你叫我如何收拾啊？"

言言的妈妈：

言言的妈妈也要外出了，在出门前，言言的妈妈对言言说："言言，做完作业以后，你把书放到抽屉里，把玩具放进纸箱，把衣服放到柜子里。"妈妈回来以后，言言果然已经按照妈妈的要求把这些事情做好了。

言言和小丽的例子告诉我们，要想孩子按照自己的要求把事情做好，最好的办法就是告诉孩子该怎么做。如果没有给孩子明确的指令，那么，孩子无论如何也不能把事情做得合乎大人的要求的。

此外，对孩子的要求要有梯度，不要五六个要求一下子全提出来并让孩子完全做到。有效果的办法是让孩子一个一个来，从最容易的表现做起，其他方面提醒他一下就可以了。

## 每次只集中精力做好一件事

有一个《猴子掰苞谷》的寓言，说的是——

有一只猴子在地里掰苞谷，刚掰下一个，觉得前面的更好，就扔下手里的去掰另一个。另一个到手，觉得还有更好的，到手的又扔掉，去掰那个"更好的"。不知不觉走到了地的尽头，这时候，天色已晚，这只猴子只得慌慌张张随便掰了一个回去。回家一看，发现自己摘到的竟是一个烂苞谷，可是，后悔了又有什么用呢？

看了这个故事，我们也许会笑那个猴子太傻。其实，猴子犯傻，不是智力问题，而是做事的态度问题，是它做事态度太浮躁。生活中，有很多孩子就像这猴子一样，做什么事情都毛毛躁躁，根本无法专心做一件事情。比如，做作业时，他们会一会儿做做数学，一会儿做做语文，一会儿又看看课外书，因为老是边做边玩，或者做着这件事情又想着那件事情，以至于他们做作业的效率低，本来一个小时就能完成的作业，往往要拖两三个小时才能完成。

那么，如何才能改变这种现状况呢？其实，要改变这种状况并不难，家长只要教给孩子正确的做事态度即可。一般来说，要想孩子把一件事情做好，家长应要求孩子一次只集中精力做好一件事情，当这一目标完成以后，再做另一件事情，这样才能达到事半功倍的效果。如果总是做着这个，想着那个，其效果自然不佳。当孩子认识到这一道理，并将之付诸行动中，自然就能提高他们的学习效率，从而取得优秀的成绩。

要想孩子改变浮躁的做事态度，一次只集中精力做好一件事情，家长应做到以下几个方面：

**1. 根据作业的难易程度给孩子安排作业顺序**

研究表明，孩子开始学习的头几分钟，一般效率都较低，随后上升，15分钟后达到顶点。根据这一规律，家长可建议孩子先做一些较为容易的作业，在孩子注意力最集中的时间做较复杂的作业。如此一来，孩子的注意力也就跟了上去，学习的效率也因此得到了提高。

**2. 培养孩子的耐心**

要想让孩子一次只做一件事情，家长还需要培养孩子的耐心。对于孩子来说，他们的自觉性和坚持性是与他们的耐心相联系的。

一个耐心越强的孩子，他的自觉性和坚持性就越高，办事能力也就越强。

在日常生活中，当孩子出现缺乏耐力的表现时，往往是培养耐性的最好时机。家长可以抓住机会与孩子做几个能够吸引孩子注意力的游戏，引导孩子加强耐性。

游戏1：玩拼图

拼图是一种趣味性较强的智力游戏，不仅可以吸引孩子的注意力，也可以提高孩子的思考力。对于年幼的孩子，可以先玩小些、简单些的拼图，让孩子在玩的过程中能够获得成就感，随着孩子年龄的增大，逐渐玩一些大的、复杂些的拼图。

游戏2：找不同

比较两张图或者两件相似的事物，找出不一样的地方。

游戏3：扮鬼脸

与孩子一起扮鬼脸，看谁扮同一个鬼脸的时间长。

在做游戏的过程中，家长应该陪同孩子一起进行。当孩子的耐性增强的时候，家长要及时鼓励孩子，可以给孩子设立奖励卡片、奖励表格，让孩子对自己的进步获得成就感。

### 3. 从小培养及督促

从孩子能理解大人的话开始，家长就要注意帮助孩子逐步学会正确评价和判别自己行为的适宜度，让孩子慢慢明白，什么是应该怎么做的、什么是不应该做的。家长可从小就教育孩子，不管做任何事情，都应该一心一意、不能三心二意。只有集中注意力做一件事情，才能把事情做好。此外，家长还可以用《小猫钓鱼》等故事教育孩子，启发孩子。

### 4. 让孩子明白一次只做一件事情，且认真做的好处

家长应该告诉孩子，一次只做一件事情，而且认真做的话，就可以省去做错了重新再做的麻烦，这能提高自己的办事效率。此外，这种只关注自己完成情况的工作态度，会帮助我们建立一种轻松愉快的心情，在自己的成就中快乐地完成任务。

### 5. 家长做出表率

有人做过一个试验：给幼儿看有关妈妈耐心做一件事情的录像。比如，小朋友在写作业，妈妈告诉小朋友说："你专心致志地写作业妈妈很高兴，你这样做是正确的。"结果，这部分的幼儿比没有看过录像的幼儿更能专心致志地画画或者写作业。可见，要想让孩子一次只集中做好一件事情，家长是孩子的榜样。如果家长自己能以身作则，一次只专心做好一件事情，那么，孩子的做事态度将随之而变得不再浮躁。

## 提高孩子的自控力

自控能力是人的一种自觉的能动力量，主要是指在改造客观世界中控制主体自身的一种特殊的能动性。自控能力不能理解为消极的自我约束，它是一种内在的心理功能，使人自觉地进行自我调控，积极地支配自身，排除干扰，使主观恰当地协调于客观，并采取合理的行为方式去追求良好的行为效果。

孩子因为年纪小，自控能力差，当有新的刺激出现时，成人可以约束自己不去关注它，但孩子却很难做到。可以说，自控能力差

是导致孩子注意力分散的一个重要原因。

李峰今年上初中一年级，最近也不知怎的，上课总是一副精神恍惚的模样，学习成绩也下降了不少。从李峰的妈妈那里，老师了解到，原来李峰最近迷上了网络游戏，回到家里，他作业不做，书也不看，连晚饭都没吃就开始昏天暗地地打游戏。有几次，李峰的妈妈一大早就发现李峰待在电脑前玩游戏，还差点因为打游戏而上学迟到。为此，李峰的妈妈没少责备他。但李峰表面上答应妈妈不再玩游戏了，可一转身就把对妈妈的承诺忘得一干二净。最近李峰的妈妈工作比较忙，也没有时间管李峰，所以，这种情况越发严重。

为此，老师找来李峰谈话，李峰也向老师承认自己迷上打网络游戏不好，但总无法控制自己。

孩子能不能控制自己的行为是非常重要的问题。一个孩子如果没有自我控制能力，就会盲目从事，很难干好与自己的发展密切相关的事情。比如，北大的一名大二学生，当初以优异的成绩考进北大以后，开始迷上了网络游戏，从此一发不可收，整天耽误功课，学习成绩也是每况愈下，最后各门功课都不及格，导致被学校开除。

在生活中，这样的例子并不鲜见，孩子因为不能自我控制做出傻事的也不在少数。而因为缺乏自控能力导致注意力分散的例子更是屡见不鲜。一般来说，孩子因为自控能力差导致注意力分散具体表现为：思想不集中，做事虎头蛇尾，不能始终如一，或想到了但做不到，或所谓"只有五分钟热度"。凡此种种，严重地影响孩子做事的效率和学习成绩。因此，要培养孩子的注意力，家长应有意识地提高孩子的自我约束能力。

众所周知，人的情感、欲望和兴趣这些非智力因素引发是人的行为动机和毅力的重要因素，但这些因素又带有自发性。情感如不经过自控机制的加工处理，任性而动，任情而为，就会出现一种非理性的行为，必将偏离正确的轨道，很难收到预期的效果。这说明自控能力具有一种特殊的功能，它能调动其他非智力因素的积极的方面，消解它们消极的方面，使一个人按着理性的要求去行动，从而克服各种放任、散漫、无恒心、无决心的情况。因此，我们也可以说自控能力在这个非智力因素的动力系统中，起着一种枢纽的作用，从一定意义上，可以说它是这个动力系统的调节器和保险阀。自控能力，能够保证人的活动经常处于良性运行的轨道上，从而可以积极、持久、稳定、有序地实现一个又一个目标。

对此，每位家长都要有足够的认识，但是也不必为此过分着急。因为一般儿童的通病，也正是我们施教的依据。只要从他们的实际出发，不放过每一个时机，严加训练，持之以恒，自控能力就一定能逐步增强起来。例如早起、锻炼、按时做作业、有节制地花钱，等等，都要明之以理，使孩子能立下志愿，加强自控，注意训练，养成习惯，从而在习惯中形成优良的品质。具体地说，家长可以从以下几个方面入手增强孩子的自控能力：

### 1.做孩子的自控好榜样

有个心理学实验，给幼儿看有关"自控力"的录像，比如等妈妈来了再吃饼干、公共场所不乱跑、参观画展时不乱摸等，结果这部分幼儿比没看录像的幼儿自控力强。可见，自控需要榜样。

生活中孩子最容易模仿的对象是父母，父母自控力的表现会影响孩子自控力的发展。比如有位妈妈跟朋友打牌，孩子就坐在电视机旁做作业；周末父母没按时起床，孩子也趁机躺在床上看小说，放弃英语早读；父母忙起来顾不上整理房间，孩子书桌上卷子、本子也越堆越乱……所以，一个冲动的、情绪不稳定的、行动缺少自制的父母，必须先自己增强自制力，才能帮助孩子建立自制力。

### 2. 给孩子订立规则

许多孩子知道迷恋游戏不好，但屡戒屡犯。可见自控力是一种毫不含糊的坚定和顽强的毅力。有的女孩子一度痴迷言情小说，不仅成绩滑坡，还精神不振。但有的孩子意识到问题的严重性后，说不看就不看，克制力非常强。孩子强大的自制力并非天生，而是得益于我们从小对他进行的意志力培养。一般来说，家长会在孩子成功之后给予赞美和鼓励，对孩子活动过程中的自制和努力也不会视而不见。

有位父亲是这样对孩子的：

孩子自制力很差，做事丢三落四，学习用品乱扔乱放，看电视没完没了，作业马马虎虎，弄得学习和生活都一团糟。父亲决定通过规则和纪律，来帮助儿子拥有自制力。他先找儿子谈心："有人作息没规律，损害身体，进而影响学习，甚至弄得心情很差。可见，不按时睡觉、起床的小毛病也会造成严重的后果。"

孩子说："我也想改正缺点，可就是控制不住自己。"

父亲说："那就让规则来帮助你。"

通过讨论，父亲和孩子签下暑期规则：每天只吃一次冷饮；每天看半小时动画片；做完一门功课，收拾好课本再做另一门功课；晚上9点30分上床，背两个单词后熄灯；平时打篮球1小时，自己洗运动服。

规则不多，只有5条，但订了就坚决执行，不马虎不迁就，更不允许任性骄横，为所欲为。两个月时间，孩子进步神速。

因此，给孩子订立规则，要求他持之以恒地执行规则，对于自控力的培养十分有益。

### 3.通过专门训练来培养孩子的自控能力

为了更好地培养孩子的自我控制能力，家长可以对孩子进行某项专门训练，如通过练琴、书法、绘画等活动来培养孩子的自制力。训练时，最好固定时间、固定地点进行。

### 4.通过奖励的办法鼓励孩子提高自制力

例如，一个平时写字总拖拖拉拉、漫不经心的孩子，如果你许诺他认真写字，按时完成任务之后，会给他一些他喜欢的礼物，他一定会安下心来，集中注意力认真地学习。

值得注意的是，家长尽量不要对孩子的努力给予可观的报酬。帮助孩子建立一种内在的奖励制度，这样他就能对自己做好的工作感到满意。比如，带孩子到商店去以前，要估计到孩子要求买玩具而哭闹，父母事先要和孩子讲好条件，只许看，不许买，不听话就不带你去。如果孩子表现好，答应他回家后给予糖果以示奖励。

### 5. 通过游戏或者活动强化孩子的自制力

家里是孩子通过不断摸索学会控制冲动和应付压抑情况最好的场所。在游戏与活动中，不断强化孩子的努力与行为，使他最终能应付自如。

有这样一个例子：孩子刚上学，还不适应小学生活，加上性格外向、急躁，更加难以控制自己。有的时候上课插嘴、坐不住，甚至抢同桌的文具。对7岁左右的孩子，说教很难起作用。后来，孩子的妈妈发现在家庭的游戏和活动中培养孩子的自制力效果极佳。比如让他当"老师"，他就很有耐心和礼貌。学校组织安全教育活动，让孩子当"交警"，他竟能站15分钟"指挥交通"而不乱动；和同伴玩过家家，女儿当"妈妈"，她立刻变得柔声细语起来。活动和游戏能让孩子的自制行为日益积累，内化成为习惯。因此，家长应鼓励孩子参与活动和游戏，孩子便能在自然生动的条件下发展自制力。

### 6. 通过道德操练增强孩子的自我控制能力

孩子需要操练做出道德上的决定，因此要帮助孩子思考可能产生的结果，然后引导他做出安全正确的决定。这样，他最终将学会在没有帮助的情况下正确行事。

家长也要让孩子知道"为什么要这样做，不要那样做"，让孩子逐渐形成评价自己行为和情绪的能力，掌握相应的规则。有的家长总觉得和孩子讲道理是白费力气，不如直接命令，其实真正的自控恰恰来自孩子的理解。家长既不能无原则地迁就孩子，又不能放弃耐心说服。坚持这种做法，孩子就会掌握一套评价自己行为的规则，达到真正的自控。

当孩子为自己的需要得不到满足而烦恼时，家长可以有意识地引导孩子产生积极的思维：这一切都是暂时的，自己的需要过一会儿也会获得满足的。例如，孩子和别的小朋友争抢玩具，在放弃时，你可以教他这样安慰自己："现在让给他玩，过会儿就可以轮到自己了。"

总之，在管教孩子的过程当中，家长要注重把对孩子外在的约束力转化为他们内心的自我控制的能力。这样，孩子才能逐渐提高自我的控制能力，使注意力变得集中起来。

## 在游戏中训练孩子的注意力

每个孩子都喜欢游戏，游戏是他们最喜爱的活动，它能激起孩子的兴趣，使孩子心情舒畅。在游戏的过程中，孩子的注意力集中程度和稳定性一般都比较强。因此，家长应该让孩子多参加游戏活动，并在游戏中训练孩子的注意力！

### 1.动物分类游戏

游戏目标：比较各种动物特征、习性，引导孩子从多角度分类。

游戏1："动物找家"

在地上画几个圆，代表天空、海洋、森林、草地等。孩子戴动物头饰，音乐开始做模仿动作。音乐停，孩子迅速跑回家中，互相检查有无错误。孩子互换头饰，反复游戏。

游戏2："动物餐厅游戏"

在三个桌分别放肉、鱼、虫和树叶、果干、竹笋与蛋，代表肉食、草食、杂食。孩子戴动物头饰随铃声做模仿动作，听到"餐厅开饭了"的信号，迅速跑到一个桌旁坐下模仿动物吃食。相互介绍自己爱吃什么。

孩子互换头饰，反复游戏。

游戏3：建造动物园

用积木建造动物园，将其分为许多格，将各类动物玩具放入动物园，观察比较它们的特征、习性，与孩子一起讨论应该怎样分类喂养，引导孩子从多角度分类。

按居住地点分为："树林""水中"。

按活动方式分为："走""曲""游"等。

按腿的数目分为："一条腿""四条腿"等。

按食性分为："吃肉""吃草""杂食"等。

游戏4：鱼虫鸟兽

第一步：将各种动物的绒布教具藏在各处，让孩子寻找。

第二步：将绒布分为4块，教师在上面分别贴上鱼虫或鸟兽的图片。

第三步：让孩子将手中的动物图片送到4块绒布上，将同类的放在一起，相互检查有无错误。

第四步：分组讨论鱼虫鸟兽的共同特征。鱼：水中生活，有鳍、鳃呼吸等；昆虫：6条腿，两对翅膀；鸟：两个翅膀，两条腿，有羽毛，下蛋；兽：长皮毛，4条腿，生小动物，吃奶。

第五步：出示蝴蝶、海豹、鸵鸟等，思考它们属于哪一类。

游戏建议：

教师应了解孩子相关知识经验的掌握程度，从中选择安排适宜的内容。

活动区，还可以开展制作"动物分类册"的活动，鼓励每个孩子都能按自己的意愿来制作，并说明为什么这样做。

### 2. 空气游戏

游戏目标：

感知空气的存在与功用，激发探索空气的兴趣，培养孩子注意力。

游戏准备：杯子、手绢、鱼缸、蜡烛、气球等。

游戏1：手绢为什么不湿

将鱼缸放满水，手绢塞入杯底，倒扣杯子，压入鱼缸的水中。猜一猜手绢湿了没有，拿出看看，手绢为什么不湿。（杯中有空气，水不能进杯子）

游戏2：会沉会浮的乒乓球

让乒乓球浮在鱼缸的水面，用一个倒扣的杯子将球扣住向下压，能将球压入杯底，把杯倾斜，观察气泡溢出，水进入杯子，乒乓球逐渐在杯中浮起来，引导讨论沉浮的原因。

游戏3：哪支蜡先灭

将3支蜡烛点燃，用大中小3个杯子同时扣在蜡烛上观察哪支蜡烛先灭，想想为什么。（注意安全）

游戏4：火箭上天

在塑料瓶口卷一纸筒，做成火箭状，套在瓶口，拍打塑料瓶，火箭就被推上天空，想想为什么。（使用配套科学玩具制作材料）

游戏5：降落伞

用手绢、绸子、塑料膜等材料制作降落伞，比一比哪种降落伞

飘得最好，是谁托着它慢慢飞？（使用配套科学玩具制作材料）

游戏建议：

在科学角分小组或个别进行。

### 3. 风的游戏

游戏目标：

制作风的玩具

游戏准备：

各种纸、剪刀、糨糊、吹气玩具、打气筒等。

游戏1：制作风车、纸蛇（配套科学玩具制作材料）。

第一步：出示各类风车、纸蛇，让孩子玩耍，观察风的作用。

第二步：孩子尝试制作，教师分类指导。能力强的组由孩子自己观察范例，讨论制作方法，教师稍加提示；能力中等组由教师示范；能力差的组由教师分步骤示范，孩子模仿。

第三步：风车制作方法：

a.用稍厚的纸剪成"十"字形。

b.把四角弯曲成风车形状。

c.用一根皮筋套在左手拇指和食指上，把风车的小开口挂在皮筋上，拉紧再撒手，使小风车弹出。（注意让风车的弯曲面向下）

游戏2：我来造点风。

第一步：提供材料，让孩子想办法制造点风。

第二步：孩子操作材料。启发孩子扇动纸片、扇子、裙子，挤吹气玩具，用气筒打气等方法制造风，比一比谁想的办法多。

第三步：交流尝试结果。

游戏 3：帆船比赛（配套科学玩具制作材料）。

孩子用纸折小船，放在水里或桌上，用嘴吹或用扇子扇，推动帆船前进，比比谁的船行驶得快。引导孩子发现风的大小、方向会影响船的速度，了解帆船是由风力推动的。

### 4. 转动的轮子

游戏目标：比较正方体、长方体、球、圆柱体的异同，观察轮子的特征，发现其功能。

游戏准备：

收集各种大小纸盒、积木、球、废罐头盒、轮子及各种玩具车。

游戏过程：

第一步：认识什么会滚，什么不会滚。

a. 自由地玩纸盒、积木、球、罐头盒、轮子等物，引导孩子将物品分成"会滚"与"不会滚"两堆。

b. 再滚动球、罐头盒、轮子，发现球能向四面滚动，轮能向两面滚动。

第二步：玩车子。

a. 在光滑的、倾斜的、凸凹不平的地面上玩车，比较其不同。

b. 在车轮上涂颜色，在白纸上滚过，观察车轮印迹。

c. 比较各种车轮的异同。

d. 联想，还有哪些物品需要轮子。

e. 用车另一端将重物推到端，再将重物抱回来，比比有什么不同感觉。

f. 推动带轮的小车与不带轮的纸盒，哪个跑得快而远。

第三步：寻找生活中的轮子，发现它们的各种功能：如吊车、窗帘盒、沙发轮、冰箱架等。

游戏建议：

在美工区还可以开展"做车""画车"的活动，让孩子进一步感受各种形体的特征。

### 5. 冰孩子

游戏目标：

学习复述故事，了解冰与人们生活的关系，自然美。

游戏准备：

制作"冰花"的材料。

游戏过程：

第一步：听教师讲故事。

第二步：教师提问孩子思考：你见过哪儿有冰孩子？

第三步：利用"冰孩子"制作玩具好吗？师生一起制作"冰花""冰食"启发孩子精心"设计"出不同的冰花（为孩子提供不同形状的器皿，不同颜色的水，不同的水中装饰物）（利用水果汁，冷冻后可食）。

游戏建议：

上述游戏之后请孩子再复述故事。

游戏附故事：

冬婆婆给冰孩子打扮得可漂亮啦，白衣服、水晶鞋，全身明亮。

风爷爷在田野里使劲地吹着，湖里的鱼儿冻僵了。冰孩子跑过来用自己的身体给湖面装上一块"防风玻璃"，冰下暖暖和和，鱼儿们快活极了。

风爷爷在田野里使劲地吹着，大树变得光秃秃的，冰孩子跑过来，钻进了有颜色的水，冻成了五颜六色的冰块，小朋友们把它挂在树上。呀！多么美丽的冰花。

快过年了，妈妈买了许多鸡、鸭、鱼、虾。冰孩子跑过来，钻了进去，把鸡、鸭、鱼、虾冻得硬邦邦的，再也不会坏了。

冰孩子爱帮助别人，大家都喜欢它，它高高兴兴地钻进水缸去睡觉，身子一胀，水缸破了。哎呀，这次惹祸了。黑猫走过来奇怪地问："谁打破了缸？"冰孩子低下了头说："不怪别人，是我打破的，真对不起。"

冰孩子可是个诚实的孩子。大家更加喜欢它了。

### 6. 机器人游戏

游戏目标：

第一，对机器人好奇。

第二，制作想象中的机器人。

游戏准备：纸盒子、硬纸板。

游戏过程：

第一步：了解机器人。

讲关于机器人的故事《机器人奇奇》（自编）。组织孩子观看有关机器人的录像片或连环画册，鼓励孩子搜集有关机器人的图书、图片。

组织孩子讨论：你见过机器人吗？它是什么样的？它会做什么？你喜欢机器人吗？机器人与人有什么不同？

第二步：制作机器人。

做机器人之前，可以让孩子欣赏机器人图片或玩具。教师要介绍用不同材料制作机器人的方法，让孩子按自己的意愿选择制作材料，分成小组，共同制作机器人。

a. 用积塑片插机器人。

b. 用橡皮泥或胶泥捏机器人。

c. 用硬纸板做机器人：先画一张机器人的图像，剪贴到硬纸板上，将其剪下，在机器人脚下做一个托，使其直立，用针或曲别针固定，可成为磁铁玩具。

d. 让孩子用大纸盒挖洞，套到头上、身上、臂上、腿上，装扮机器人。

第三步：机器人展览。

将孩子制作的机器人摆放在桌上或走廊里，将孩子搜集的图片贴在地上，再摆上机器人图书和玩具模型，办一个综合展览，请全校小朋友来参观，本班孩子介绍机器人的制作过程，做机器人表演。

第四步：机器人游戏。

在角色游戏和表演游戏中，可让孩子扮成机器人，做游戏。要鼓励孩子大胆想象和创造。

游戏建议：

教师可在此基础上扩展活动内容，启发孩子的想象力和创造力。